Fouten bij pensioenplanning en hoe u ze kunt vermijden

Copyright-kennisgeving

Alle rechten voorbehouden. Geen enkel deel van dit boek mag worden gereproduceerd, gedistribueerd of verzonden in welke vorm of op welke manier dan ook, inclusief fotokopiëren, opnemen of andere elektronische of mechanische methoden, zonder voorafgaande schriftelijke toestemming van de uitgever, behalve zoals toegestaan door de auteursrechtwet.

Inhoudsopgave

Invoering 1
Uitstelgedrag bij de planning van uw pensioen 3
Onderschatting van pensioenuitgaven 7
Het niet diversifiëren van investeringen 12
Inflatie negeren 16
Te veel vertrouwen op de sociale zekerheid 19
Geen planning voor zorgkosten 24
Het verwaarlozen van fiscale implicaties 28
Te weinig sparen voor pensioen 33
Het niet regelmatig opnieuw beoordelen van pensioenplannen .. 37
Te vroeg spaargeld opnemen 41
Geen noodfonds hebben 44
Het verwaarlozen van de rekening met de levensduur 47
Verkeerde berekening van de pensioenleeftijd 51
Pensioenplannen van werkgevers over het hoofd zien 54
Geen professioneel financieel advies zoeken 58
Het niet beheren van schulden vóór pensionering 62
Niet begrijpen van pensioenuitbetaling opties 65
Onjuiste toewijzing van beleggingen tijdens uw pensioen 68
Verzuimen om te plannen voor partner- en nabestaandenuitkeringen 72
Het belang van estate planning verkeerd inschatten 75
Het onderschatten van de impact van huisvestingskosten 79
Veranderingen in levensstijl negeren tijdens pensionering 83
Het niet plannen van vereiste minimumdistributies 87
Geen duidelijke pensioendoelen stellen 90
Het over het hoofd zien van de waarde van continu leren 94
Te veel vertrouwen op erfenissen 97
Misverstand over de rol van lijfrentes 99
Het niet aanpassen aan de marktvolatiliteit 102

Geen rekening houden met deeltijdwerk of alternatieve inkomstenstromen 105
Uw pensioenplannen niet communiceren 107
Conclusie 110

Invoering

Pensioen is een belangrijke mijlpaal in het leven, vaak gezien als de beloning voor tientallen jaren hard werken. Het is echter ook een levensfase die zorgvuldige planning, vooruitziendheid en discipline vereist. Helaas gaan veel mensen onvoorbereid met pensioen, hetzij door belangrijke fouten te maken tijdens de planningsfase, hetzij door niet te anticiperen op de uitdagingen waarmee ze te maken krijgen als ze eenmaal met pensioen zijn. Dit boek is ontworpen om u te helpen deze veelvoorkomende valkuilen te vermijden.

Of u nu net begint na te denken over uw pensioen of dat u er nog maar een paar jaar van verwijderd bent, de beslissingen die u vandaag neemt, zullen blijvende gevolgen hebben voor uw financiële zekerheid en kwaliteit van leven. Van het onderschatten van de kosten van levensonderhoud tijdens uw pensioen tot het te veel vertrouwen op de sociale zekerheid, zelfs kleine misstappen kunnen later grote gevolgen hebben. Het doel van dit boek is om deze potentiële fouten te identificeren, u te helpen de betrokken risico's te begrijpen en praktisch advies te geven over hoe u ze kunt vermijden.

Elk hoofdstuk gaat dieper in op een specifieke fout die veel gepensioneerden maken, en biedt niet alleen een uitleg van het probleem, maar ook uitvoerbare stappen die u kunt nemen om ervoor te zorgen dat u niet in dezelfde valkuilen trapt. U leert over het belang van vroeg beginnen, het diversifiëren van investeringen, het plannen van gezondheidszorg en nog veel meer.

Plannen voor je pensioen gaat niet alleen over geld besparen, maar ook over het creëren van een strategie waarmee je kunt genieten van het leven waar je zo hard voor hebt gewerkt. Met de juiste voorbereiding en kennis kun je veelvoorkomende fouten vermijden en met vertrouwen, zekerheid en gemoedsrust met pensioen gaan.

Dus of u nu een doorgewinterde belegger bent, net begint met sparen of ergens ertussenin zit, dit boek is voor u. Laten we samen aan deze reis beginnen en ervoor zorgen dat uw pensioen alles is wat u ervan droomt.

Uitstelgedrag bij de planning van uw pensioen

Pensioen lijkt misschien een ver weg doel, vooral als u in de bloei van uw werkzame leven bent. Het uitstellen van uw pensioenplanning is echter een van de grootste financiële fouten die een persoon kan maken. Hoewel het verleidelijk is om het uit te stellen tot u ouder bent of financieel zekerder, vermindert elk jaar van uitstel de tijd die uw spaargeld heeft om te groeien en creëert het onnodige stress later in uw leven. Hoe eerder u begint, hoe meer tijd u uw beleggingen geeft om te rijpen, waardoor u de beste kans hebt op een comfortabel en financieel zeker pensioen.

De kern van het probleem met uitstelgedrag bij pensioenplanning is het verlies van tijd, een kostbare hulpbron bij financiële planning. Wanneer u uitstelt, mist u de kracht van samengestelde rente. Samengestelde rente is de rente die niet alleen wordt verdiend over het initiële bedrag dat u investeert, maar ook over de rente die zich in de loop van de tijd opbouwt. Hoe langer uw geld de tijd heeft om te groeien, hoe substantiëler uw spaargeld zal worden. Bijvoorbeeld, iemand die op 25-jarige leeftijd begint met beleggen voor zijn pensioen en elke maand een bescheiden bedrag opzij zet, zal waarschijnlijk veel meer vermogen opbouwen dan iemand die op 40-jarige leeftijd begint met beleggen en grotere bedragen bijdraagt. Dit komt omdat tijd, niet alleen geld, een cruciale factor is bij het opbouwen van vermogen.

Een ander gevolg van het uitstellen van pensioenplanning is de toegenomen druk om meer te sparen naarmate het pensioen dichterbij komt. Als je jong bent, kun je het je veroorloven om een kleiner deel van je inkomen opzij te zetten voor je pensioen, omdat je tientallen jaren de tijd hebt om dat geld te laten groeien. Maar hoe dichter je bij de pensioengerechtigde leeftijd komt zonder een solide plan, hoe meer je elk jaar moet sparen om het in te halen. Dit verhoogt niet alleen de financiële stress, maar kan ook je vermogen beperken om van je inkomen te genieten in je beste verdienjaren, omdat je een groter deel naar pensioensparen moet omleiden.

Veel mensen stellen pensioenplanning uit omdat ze denken dat ze andere, meer directe financiële prioriteiten hebben, zoals het kopen van een huis, het afbetalen van studieleningen of het sparen voor de opleiding van hun kinderen. Hoewel dit allemaal terechte zorgen zijn, is het riskant om pensioensparen te verwaarlozen ten gunste van kortetermijndoelen. Financiële planners benadrukken vaak het belang van het in evenwicht brengen van huidige financiële behoeften met langetermijndoelen. De sleutel is om klein te beginnen als dat nodig is, maar toch te beginnen. Zelfs kleine bijdragen, die in de loop van de tijd consistent worden gedaan, kunnen uitgroeien tot een substantieel pensioenfonds.

Een veelvoorkomende misvatting die leidt tot uitstelgedrag is de overtuiging dat pensioenplanning iets is waar alleen oudere mensen zich zorgen over hoeven te maken. Dit kan niet verder van de waarheid zijn. Sterker nog, hoe eerder u begint, hoe minder overweldigend het proces zal zijn. Mensen die in hun 20e of 30e beginnen, kunnen geleidelijk hun pensioensparen opbouwen over meerdere decennia, vaak met relatief bescheiden bijdragen. Aan de andere kant moeten mensen die wachten tot hun 40e of 50e, zich haasten om de verloren tijd in te halen, wat financieel ontmoedigend en stressvol kan zijn.

Bovendien komt uitstelgedrag bij pensioenplanning vaak voort uit een gebrek aan begrip van hoeveel geld er daadwerkelijk nodig zal zijn om comfortabel te leven tijdens het pensioen. Veel mensen onderschatten de kosten die gepaard gaan met pensioen drastisch, in de veronderstelling dat hun uitgaven aanzienlijk zullen dalen zodra ze stoppen met werken. Hoewel het waar is dat sommige kosten, zoals woon-werkverkeer of werkgerelateerde uitgaven, zullen afnemen, hebben andere, zoals gezondheidszorg, de neiging om aanzienlijk te stijgen naarmate we ouder worden. Zonder zorgvuldige planning kunnen gepensioneerden moeite hebben om deze kosten te dekken, zelfs als ze grote uitgaven zoals een hypotheek hebben afbetaald.

Een andere vaak over het hoofd geziene factor bij pensioenplanning is levensduur. Dankzij vooruitgang in de gezondheidszorg en verbeteringen in levensstijl leven mensen langer dan ooit tevoren. Dit betekent dat uw pensioensparen mogelijk 20, 30 of zelfs 40 jaar mee moet gaan. Als u uitstelt met pensioenplanning, loopt u het risico uw spaargeld te overleven, wat kan leiden tot financiële onzekerheid en een verminderde kwaliteit van leven in uw latere jaren. Daarentegen zijn degenen die vroeg beginnen met plannen beter in staat om rekening te houden met de mogelijkheid van een lang pensioen en kunnen ze hun spaarstrategieën dienovereenkomstig aanpassen.

Een reden waarom veel mensen hun pensioenplanning uitstellen, is de misvatting dat Social Security voldoende zal zijn om hen te onderhouden tijdens hun pensioen. Hoewel Social Security een waardevolle aanvulling kan zijn op uw inkomen, is het onwaarschijnlijk dat het op zichzelf voldoende zal zijn, vooral als u uw huidige levensstijl wilt behouden. De gemiddelde Social Security-uitkering is doorgaans slechts een fractie van wat de meeste mensen nodig hebben om hun levensonderhoud te dekken tijdens hun pensioen. Alleen vertrouwen op Social Security zonder andere spaargelden of inkomstenstromen kan gepensioneerden kwetsbaar maken voor financiële tekorten.

De psychologische barrières voor pensioenplanning kunnen ook aanzienlijk zijn. Veel mensen denken niet na over pensioen omdat het overweldigend voelt of omdat ze niet zeker weten waar ze moeten beginnen. De complexiteit van beleggingsopties, de onzekerheden van marktprestaties en de enorme hoeveelheid geld die nodig lijkt, kunnen ervoor zorgen dat mensen de planning uitstellen. Deze uitdagingen kunnen echter worden aangepakt met de juiste aanpak. Door het planningsproces op te splitsen in kleinere, beheersbare stappen, kan het gemakkelijker worden om aan te pakken. Beginnen met basisstappen, zoals bijdragen aan een 401(k) of IRA, automatische bijdragen instellen en leren over beleggingsopties, kan momentum creëren en leiden tot meer vertrouwen in uw financiële toekomst.

Voor degenen die zich overweldigd voelen door de complexiteit van pensioenplanning, kan het zoeken naar hulp van een financieel planner een uitstekende stap voorwaarts zijn. Een professional kan u helpen uw huidige financiële situatie te beoordelen, realistische doelen te stellen en een plan te ontwikkelen dat is afgestemd op uw behoeften. Werken met een adviseur kan u ook helpen verantwoording af te leggen en gemotiveerd te blijven om uw pensioenplanning op koers te houden.

Samengevat is uitstel van pensioenplanning een kostbare fout die blijvende gevolgen kan hebben. Door uitstel mist u de kracht van samengestelde rente, vergroot u uw toekomstige financiële last en beperkt u uw vermogen om nu van uw inkomen te genieten. Om deze valkuilen te vermijden, is het essentieel om vroeg te beginnen, zelfs met kleine bijdragen, en om u in de loop van de tijd aan uw plan te houden. Pensioenplanning hoeft niet overweldigend te zijn en met de juiste strategie kunt u zorgen voor een financieel veilig en bevredigend pensioen.

Onderschatting van pensioenuitgaven

Een van de meest voorkomende en potentieel verwoestende fouten die mensen maken bij het plannen van hun pensioen, is het onderschatten van hun pensioenuitgaven. Veel mensen gaan ervan uit dat hun kosten voor levensonderhoud aanzienlijk zullen dalen zodra ze stoppen met werken, wat ertoe leidt dat ze overschatten hoe ver hun spaargeld reikt. De realiteit is echter vaak heel anders. Terwijl sommige uitgaven, zoals woon-werkverkeer of werkgerelateerde kosten, kunnen verdwijnen, kunnen andere uitgaven toenemen of constant blijven, waardoor veel gepensioneerden niet voorbereid zijn om hun gewenste levensstijl te behouden. Het begrijpen van de werkelijke kosten van pensioen is cruciaal om financiële zekerheid te garanderen en onaangename verrassingen later in het leven te voorkomen.

Een van de belangrijkste redenen waarom mensen hun pensioenuitgaven onderschatten, is dat ze geen rekening houden met veranderingen in levensstijl. Pensioen wordt vaak gezien als een periode van ontspanning en plezier, met meer tijd voor hobby's, reizen en andere activiteiten die tijdens iemands werkzame jaren mogelijk zijn uitgesteld. Deze activiteiten hebben echter vaak een prijskaartje. Of het nu gaat om frequent reizen, uit eten gaan of het beoefenen van dure hobby's zoals golfen of varen, de kosten kunnen snel oplopen. Zonder zorgvuldige planning kunnen gepensioneerden erachter komen dat hun spaargeld niet toereikend is om hun gewenste levensstijl te ondersteunen, waardoor ze gedwongen worden om juist de activiteiten waar ze naar uitkeken tijdens hun pensioen, te beperken.

Een ander gebied waar veel gepensioneerden zich op vergissen is gezondheidszorg. Hoewel u aan het begin van uw pensioen misschien in relatief goede gezondheid verkeert, is het belangrijk om te anticiperen op het feit dat de kosten voor gezondheidszorg waarschijnlijk zullen stijgen naarmate u ouder wordt. Medische kosten zijn een van de snelst groeiende kosten voor gepensioneerden en ze nemen vaak toe met de leeftijd vanwege de noodzaak van frequentere doktersbezoeken, voorgeschreven medicijnen en mogelijke langdurige zorgdiensten. Volgens verschillende onderzoeken kan het gemiddelde stel dat vandaag met pensioen gaat, verwachten honderdduizenden dollars uit te geven aan gezondheidszorg gedurende hun pensioen. Deze kosten omvatten Medicare-premies, eigen bijdragen, tandheelkundige zorg en gehoorapparaten, die allemaal niet volledig worden gedekt door Medicare.

Vooral langdurige zorg is een aanzienlijke uitgave waar veel mensen zich niet goed op voorbereiden. Volgens het Amerikaanse ministerie van Volksgezondheid en Human Services zal bijna 70% van de personen ouder dan 65 jaar in hun leven een vorm van langdurige zorg nodig hebben. Of het nu gaat om thuiszorg, verzorgd wonen of een verpleeghuis, langdurige zorg kan snel de pensioenspaarpot leegtrekken als er niet van tevoren rekening mee wordt gehouden. Veel mensen denken ten onrechte dat Medicare deze kosten dekt, maar Medicare dekt over het algemeen geen langdurige zorgdiensten, waardoor gepensioneerden afhankelijk zijn van Medicaid, particuliere spaarrekeningen of langdurige zorgverzekeringen om het gat te vullen. Het negeren van de potentiële kosten van langdurige zorg is een gevaarlijke omissie die zelfs de best voorbereide pensioenplannen kan laten ontsporen.

Inflatie is een andere belangrijke factor die veel gepensioneerden over het hoofd zien. Hoewel inflatiepercentages soms laag lijken, kan zelfs een bescheiden inflatiepercentage de koopkracht aanzienlijk uithollen in de loop van een pensioen van 20 of 30 jaar. Als de inflatie bijvoorbeeld gemiddeld slechts 2% per jaar bedraagt, zullen de kosten van levensonderhoud in 20 jaar met ongeveer 50% stijgen. Dat betekent dat gepensioneerden die geen rekening houden met inflatie, erachter kunnen komen dat hun spaargeld, dat aan het begin van hun pensioen toereikend leek, in latere jaren niet langer hun levensonderhoud dekt. Als u geen rekening houdt met inflatie, kan dat leiden tot financiële tekorten, waardoor gepensioneerden gedwongen worden om hun levensstandaard te verlagen of terug te keren naar het werk op een moment dat ze dat misschien niet meer willen of kunnen. Een andere uitgave die vaak wordt onderschat, is huisvesting. Veel mensen gaan ervan uit dat zodra ze hun hypotheek hebben afbetaald, de huisvestingskosten geen probleem meer zijn. Maar zelfs als u volledig eigenaar bent van uw huis, zijn er nog steeds doorlopende kosten om rekening mee te houden, zoals onroerendgoedbelasting, huiseigenarenverzekering, nutsvoorzieningen, onderhoud en mogelijke aanpassingen aan het huis naarmate u ouder wordt. Naarmate huizen ouder worden, kunnen ze dure reparaties nodig hebben, zoals een nieuw dak, vernieuwde leidingen of zelfs toegankelijkheidsupgrades om mobiliteitsproblemen op te lossen. Als u geen rekening houdt met deze doorlopende huisvestingskosten, kan dit leiden tot budgettekorten, met name als er grote reparaties of upgrades nodig zijn tijdens uw pensioen.

Naast deze voor de hand liggende uitgaven, zien gepensioneerden vaak kleinere, dagelijkse kosten over het hoofd die in de loop van de tijd kunnen oplopen. Dingen als boodschappen, vervoer, entertainment, geschenken en liefdadigheidsdonaties lijken misschien kleine uitgaven, maar in de loop van 20 of 30 jaar kunnen ze een aanzienlijke impact hebben op uw pensioensparen. Het is belangrijk om uw huidige uitgavenpatroon bij te houden en in te schatten hoe deze kunnen veranderen tijdens uw pensioen. Sommige uitgaven kunnen dalen, maar andere, zoals uitgaven aan hobby's of uit eten gaan, kunnen stijgen. Realistisch zijn over uw dagelijkse uitgaven kan helpen ervoor te zorgen dat u niet meer uitgeeft dan u spaart.

Een andere kritieke fout bij het schatten van pensioenuitgaven is het niet meenemen van onverwachte gebeurtenissen in het leven. Of het nu gaat om een groot gezondheidsprobleem, een marktdaling of een noodgeval in de familie, onverwachte kosten kunnen uw pensioenplan snel uit de rails gooien. Veel gepensioneerden gaan ervan uit dat hun spaargeld en sociale zekerheid voldoende zijn om in hun basisbehoeften te voorzien, maar ze plannen niet voor het onverwachte. Zonder een financiële buffer of noodfonds kunnen gepensioneerden voortijdig hun pensioenspaargeld aanspreken of schulden aangaan, waardoor hun middelen sneller uitgeput kunnen raken dan verwacht.

Om te voorkomen dat u uw pensioenuitgaven onderschat, is het essentieel om een uitgebreid en realistisch pensioenbudget op te stellen. Begin met het analyseren van uw huidige uitgaven en pas deze vervolgens aan voor verwachte veranderingen tijdens uw pensioen. Houd rekening met zowel vaste kosten, zoals huisvesting en nutsvoorzieningen, als variabele kosten, zoals reizen en gezondheidszorg. Houd rekening met inflatie, stijgende kosten voor gezondheidszorg en mogelijke behoeften aan langdurige zorg. Door een proactieve aanpak te hanteren en te plannen voor een breed scala aan uitgaven, kunt u ervoor zorgen dat uw pensioensparen uw hele leven meegaat.

Het is ook een goed idee om uw budget periodiek te herzien en aan te passen naarmate u dichter bij uw pensioen komt en gedurende uw pensioenjaren. Levensomstandigheden veranderen, en uitgaven ook. Door uw pensioenplan en budget regelmatig te herzien, kunt u indien nodig aanpassingen doen om ervoor te zorgen dat u op koers blijft. Of het nu gaat om het terugdringen van discretionaire uitgaven, het aanpassen van uw beleggingsstrategie of het vinden van manieren om extra inkomsten te genereren, flexibel en proactief blijven kan u helpen de financiële uitdagingen van uw pensioen het hoofd te bieden.

Concluderend is het onderschatten van pensioenuitgaven een fout die ernstige gevolgen kan hebben. Pensioen is een tijd waarin u zou moeten kunnen ontspannen en genieten van de vruchten van uw arbeid, maar het niet nauwkeurig inschatten van uw uitgaven kan leiden tot financiële stress en onzekerheid. Door de werkelijke kosten van pensioen te begrijpen, waaronder veranderingen in levensstijl, gezondheidszorg, inflatie, huisvesting en onverwachte gebeurtenissen, kunt u een nauwkeuriger en realistischer plan voor de toekomst maken. Met zorgvuldige planning kunt u deze veelvoorkomende valkuil vermijden en genieten van een financieel veilig en bevredigend pensioen.

Het niet diversifiëren van investeringen

Een van de meest kritische maar vaak over het hoofd geziene aspecten van pensioenplanning is beleggingsdiversificatie. Diversificatie houdt in dat u uw beleggingen spreidt over verschillende activaklassen, zoals aandelen, obligaties, onroerend goed en kasequivalenten, om risico's te verminderen en het potentieel voor rendement te verbeteren. Als u niet diversifieert, kunt u worden blootgesteld aan aanzienlijke financiële risico's en mogelijk uw pensioenveiligheid in gevaar brengen.

Het belangrijkste voordeel van diversificatie is dat het helpt risico's te beheren. Verschillende soorten investeringen reageren verschillend op marktomstandigheden. Aandelen en obligaties presteren bijvoorbeeld vaak anders onder dezelfde economische omstandigheden. Aandelen kunnen hoge rendementen opleveren tijdens een bloeiende economie, maar kunnen volatiel zijn tijdens recessies. Obligaties zijn daarentegen over het algemeen stabieler, maar kunnen lagere rendementen opleveren. Door een mix van activa aan te houden, kunt u de kans verkleinen dat een slechte prestatie op één gebied een ernstige impact heeft op uw algehele portefeuille.

Een veelgemaakte fout die veel beleggers maken, is het concentreren van hun beleggingen in één activaklasse of een klein aantal individuele aandelen. Sommige mensen investeren bijvoorbeeld fors in de aandelen van hun werkgever of in één enkele sector waarvan ze denken dat die goed zal presteren. Hoewel deze aanpak soms hoge rendementen kan opleveren, brengt het ook aanzienlijke risico's met zich mee. Als het bedrijf of de sector een recessie doormaakt, kan de impact op uw portefeuille ernstig zijn, wat uw financiële stabiliteit tijdens uw pensioen mogelijk ondermijnt.

Een andere valkuil van het niet diversifiëren is het te veel vertrouwen op één enkele beleggingsstrategie. Sommige beleggers geven bijvoorbeeld de voorkeur aan groeiaandelen, omdat ze denken dat deze de hoogste rendementen opleveren. Hoewel groeiaandelen inderdaad aanzienlijke rendementen kunnen opleveren, kunnen ze ook zeer volatiel zijn. Een goed gediversifieerde portefeuille omvat een mix van activa, zoals groeiaandelen, dividendbetalende aandelen, obligaties en alternatieve beleggingen, wat helpt om potentiële rendementen in evenwicht te brengen met risico.

Onroerend goed is een ander belangrijk gebied om te overwegen bij diversificatie. Terwijl veel investeerders zich uitsluitend richten op aandelen en obligaties, kan onroerend goed extra inkomstenstromen en potentiële belastingvoordelen bieden. Investeren in onroerend goed of vastgoedbeleggingsfondsen (REIT's) kan een ander risico-rendementsprofiel bieden in vergelijking met traditionele investeringen. Echter, zwaar investeren in onroerend goed zonder rekening te houden met andere activaklassen kan u blootstellen aan sectorspecifieke risico's, zoals schommelingen in vastgoedwaarden of huurinkomsten.

Diversificatie omvat ook geografische diversificatie. Als u alleen in binnenlandse activa investeert, bent u blootgesteld aan de economische omstandigheden van één land. Wereldwijde diversificatie spreidt risico's over verschillende economieën en markten, wat bijzonder waardevol kan zijn als uw thuisland een economische recessie doormaakt. Internationale investeringen, waaronder opkomende markten, kunnen extra groeimogelijkheden bieden en helpen het risico te beperken dat gepaard gaat met investeringen in slechts één regio.

Een verwant concept is vermogensallocatie, wat inhoudt dat u uw beleggingen verdeelt over verschillende activaklassen op basis van uw risicobereidheid, beleggingsdoelen en tijdshorizon. Een goede vermogensallocatie zorgt ervoor dat uw portefeuille is afgestemd op uw financiële doelstellingen en bestand is tegen marktschommelingen. Naarmate u dichter bij uw pensioen komt, is het van cruciaal belang om uw vermogensallocatie aan te passen om risico's te verminderen en toch te streven naar groei. U kunt bijvoorbeeld geleidelijk overschakelen van een hogere allocatie in aandelen naar een hogere allocatie in obligaties en andere minder volatiele activa.

Een ander belangrijk aspect van diversificatie is het regelmatig herbalanceren van uw portefeuille. Na verloop van tijd zullen verschillende beleggingen met verschillende snelheden groeien, waardoor uw portefeuille afwijkt van de oorspronkelijke vermogensallocatie. Als aandelen bijvoorbeeld uitzonderlijk goed presteren, kunnen ze uw portefeuille gaan domineren, waardoor uw blootstelling aan het risico op de aandelenmarkt toeneemt. Herbalanceren houdt in dat u uw beleggingen aanpast om terug te keren naar de gewenste allocatie, zodat uw risiconiveau consistent blijft met uw pensioendoelen.

Als u niet diversifieert, mist u ook de potentiële voordelen van verschillende soorten investeringen. Aandelen bieden bijvoorbeeld groeipotentieel, terwijl obligaties een stabiel inkomen en stabiliteit bieden. Diversificatie helpt u de voordelen van elke activaklasse te benutten en tegelijkertijd hun individuele risico's te beperken. Bovendien kan diversificatie binnen activaklassen, zoals het bezitten van verschillende aandelen in verschillende industrieën en sectoren, het risicobeheer verder verbeteren.

De gevolgen van een gebrek aan diversificatie kunnen ernstig zijn. Tijdens periodes van marktvolatiliteit kan een niet-gediversifieerde portefeuille grotere verliezen lijden dan een goed gediversifieerde portefeuille. Dit kan met name problematisch zijn als u bijna met pensioen gaat en geen tijd hebt om te herstellen van aanzienlijke verliezen. Door uw beleggingen te spreiden over verschillende activaklassen en sectoren, kunt u marktschommelingen beter doorstaan en de kans verkleinen dat aanzienlijke verliezen uw pensioenplannen beïnvloeden.

Om de valkuilen van onvoldoende diversificatie te vermijden, kunt u overwegen om een financieel adviseur te raadplegen die u kan helpen bij het ontwerpen van een gediversifieerde beleggingsstrategie die is afgestemd op uw specifieke behoeften en doelen. Een adviseur kan uw huidige portefeuille beoordelen, aanpassingen aanbevelen en u helpen om op koers te blijven met uw beleggingsplan. Daarnaast kunnen ze u begeleiden bij vermogensallocatie, risicobeheer en herverdelingsstrategieën.

Samenvattend is het niet diversifiëren van beleggingen een veelvoorkomende en potentieel kostbare fout bij het plannen van uw pensioen. Diversificatie helpt risico's te beheren, potentiële rendementen te verbeteren en de financiële stabiliteit te vergroten. Door uw beleggingen te spreiden over verschillende activaklassen, sectoren en geografische regio's, kunt u een veerkrachtiger portefeuille opbouwen die beter bestand is tegen marktschommelingen en uw pensioendoelen op de lange termijn ondersteunt. Regelmatig uw beleggingsstrategie herzien en aanpassen, samen met het inwinnen van professioneel advies, kan er verder voor zorgen dat uw pensioensparen op koers blijft en adequaat wordt beschermd.

Inflatie negeren

Een van de grootste uitdagingen bij het plannen van pensioen is het in rekening brengen van inflatie. Inflatie verwijst naar de geleidelijke stijging van de kosten van goederen en diensten in de loop van de tijd, wat de koopkracht van geld uitholt. Bij het plannen van pensioen negeren veel mensen de impact van inflatie, wat kan leiden tot een onderschatting van de fondsen die nodig zijn om een gewenste levensstandaard te behouden tijdens het pensioen.

Inflatie wordt vaak onderschat omdat de effecten ervan niet altijd direct zichtbaar zijn. Bijvoorbeeld, een kleine, geleidelijke prijsstijging per jaar lijkt op korte termijn misschien onbeduidend, maar over meerdere decennia kan het de waarde van uw spaargeld aanzienlijk verminderen. Als u geen rekening houdt met inflatie in uw pensioenplanning, loopt u het risico dat uw spaargeld, dat toereikend leek toen u met pensioen ging, niet langer toereikend is om uw levensonderhoud te dekken.

Een van de meest voor de hand liggende voorbeelden van de impact van inflatie zijn de kosten van alledaagse artikelen. Denk eens aan hoe de prijs van boodschappen, gezondheidszorg of nutsrekeningen in de loop der jaren is veranderd. Bijvoorbeeld, een brood dat tien jaar geleden een paar dollar kostte, kan nu twee keer zoveel kosten. Op dezelfde manier stijgen de kosten voor gezondheidszorg in een tempo dat vaak hoger ligt dan de algemene inflatie. Naarmate u ouder wordt, hebt u mogelijk meer medische zorg nodig en als u geen rekening houdt met inflatie in uw planning, kunt u verrast worden door stijgende medische kosten.

Een ander belangrijk aspect van inflatie is het effect ervan op vastrentende beleggingen. Veel gepensioneerden vertrouwen op vastrentende beleggingen, zoals obligaties of lijfrentes, om een gestage stroom van inkomsten te genereren. De vaste aard van deze inkomstenbronnen betekent echter dat ze niet worden gecorrigeerd voor inflatie. Na verloop van tijd neemt de reële waarde van het inkomen dat ze genereren af, waardoor het moeilijker wordt om de stijgende uitgaven te dekken. Als u bijvoorbeeld een vaste maandelijkse betaling ontvangt van een lijfrente, zal de koopkracht ervan afnemen naarmate de prijzen stijgen, waardoor u uw levensstijl minder goed kunt behouden.

Inflatie kan ook van invloed zijn op de waarde van pensioenspaarrekeningen, zoals pensioenen of andere defined benefit-plannen. Deze plannen bieden mogelijk een vaste maandelijkse uitbetaling, die na verloop van tijd mogelijk niet gelijke tred houdt met de inflatie. Zonder aanpassingen voor inflatie kunnen gepensioneerden een geleidelijke daling van hun levensstandaard ervaren naarmate de kosten van goederen en diensten stijgen.

Om de impact van inflatie te beperken, is het essentieel om het op te nemen in uw pensioenplanning. Eén aanpak is om inflatiegecorrigeerde rendementen te gebruiken bij het schatten van de toekomstige waarde van uw spaargeld. Als u bijvoorbeeld een gemiddeld jaarlijks inflatiepercentage van 2% verwacht, moet u dit in overweging nemen bij het berekenen van hoeveel u moet sparen en hoe uw beleggingen in de loop van de tijd zullen presteren. Door uw pensioenspaardoelen aan te passen om rekening te houden met inflatie, zorgt u ervoor dat uw fondsen hun koopkracht behouden gedurende uw pensioen.

Investeren in activa die historisch gezien de inflatie overtreffen, kan ook helpen beschermen tegen de effecten ervan. Aandelen hebben bijvoorbeeld over het algemeen rendementen opgeleverd die de inflatie op de lange termijn overtreffen. Hoewel aandelen volatiel kunnen zijn, bieden ze het potentieel voor groei dat kan helpen de impact van stijgende prijzen te compenseren. Onroerend goed is een andere activaklasse die kan dienen als een hedge tegen inflatie, aangezien de waarde van onroerend goed en de huurinkomsten vaak toenemen met inflatie.

Een andere strategie is om investeringen te overwegen met ingebouwde inflatiebescherming. Bepaalde staatsobligaties zijn bijvoorbeeld ontworpen om rendementen te bieden die zijn aangepast aan inflatie, zoals inflatiegebonden obligaties. Deze obligaties bieden regelmatige rentebetalingen die toenemen met inflatie, wat helpt om de koopkracht van uw inkomen te behouden.

Het is ook verstandig om uw pensioenplan periodiek te herzien en aan te passen om rekening te houden met veranderingen in inflatiepercentages. Economische omstandigheden en inflatiepercentages kunnen fluctueren, dus op de hoogte blijven en uw beleggingsstrategie aanpassen indien nodig kan u helpen het inflatierisico beter te beheren. Regelmatig uw budget, uitgaven en beleggingsresultaten opnieuw beoordelen zorgt ervoor dat uw pensioenplan op schema blijft om uw langetermijndoelen te behalen.

Voor degenen die zich zorgen maken over de impact van inflatie op hun pensioensparen, kan het nuttig zijn om een financieel adviseur te raadplegen. Een professional kan u helpen een strategie te ontwikkelen die rekening houdt met inflatie, uw beleggingsportefeuille te optimaliseren en ervoor te zorgen dat uw spaargeld goed aansluit bij uw pensioendoelen. Adviseurs kunnen u ook adviseren over inflatiebeschermde beleggingen en andere financiële producten die kunnen helpen het inflatierisico te beperken.

Samenvattend is het negeren van inflatie een cruciale fout bij het plannen van uw pensioen, wat kan leiden tot aanzienlijke financiële uitdagingen. Omdat inflatie de koopkracht van geld in de loop van de tijd uitholt, is het essentieel om het op te nemen in uw pensioenstrategie. Door rekening te houden met inflatie, te investeren in op groei gerichte activa, inflatiebeschermde investeringen te overwegen en uw plan regelmatig te herzien, kunt u uw pensioensparen beter beschermen en ervoor zorgen dat ze gedurende uw pensioenjaren meegaan.

Te veel vertrouwen op de sociale zekerheid

Veel mensen maken de kritieke fout om te veel te vertrouwen op het socialezekerheidsstelsel of de staatspensioen van hun land als primaire bron van pensioeninkomen. Hoewel deze door de overheid verstrekte voordelen een basis kunnen bieden voor financiële ondersteuning tijdens het pensioen, zijn ze doorgaans niet voldoende om alle kosten te dekken die gepaard gaan met het behouden van een comfortabele levensstijl. Alleen afhankelijk zijn van de sociale zekerheid kan gepensioneerden kwetsbaar maken voor financiële problemen, met name omdat de kosten van levensonderhoud blijven stijgen en de levensverwachting toeneemt.

Een van de grootste problemen met te veel vertrouwen op sociale zekerheid is dat de maandelijkse betalingen vaak bescheiden zijn, vooral in vergelijking met de kosten van levensonderhoud in veel regio's. Deze betalingen zijn over het algemeen bedoeld om een vangnet te bieden, niet om uw werkinkomen volledig te vervangen. In veel landen dekken socialezekerheidsuitkeringen slechts een fractie van het inkomen van een persoon vóór pensionering, vaak variërend van 30% tot 50%. Voor veel mensen is dit onvoldoende om dezelfde levenskwaliteit te behouden die ze genoten toen ze werkten.

Bovendien staan socialezekerheidsstelsels in verschillende landen onder voortdurende financiële druk vanwege demografische veranderingen. Met een vergrijzende bevolking en minder werknemers die bijdragen aan het systeem in verhouding tot het aantal gepensioneerden, staan veel regeringen voor uitdagingen bij het in stand houden van hun socialezekerheidsprogramma's. Deze druk heeft geleid tot hervormingen, zoals het verhogen van de pensioenleeftijd, het verlagen van uitkeringen of het wijzigen van de toelatingscriteria. Als gepensioneerden alleen op deze uitkeringen vertrouwen, lopen ze het risico minder financiële steun te ontvangen dan ze oorspronkelijk hadden gepland. Inflatie compliceert de situatie nog verder. Hoewel socialezekerheidsuitkeringen in sommige landen worden aangepast aan de inflatie, kunnen deze aanpassingen niet volledig gelijke tred houden met de werkelijke stijging van de kosten van levensonderhoud, met name op het gebied van gezondheidszorg en huisvesting. Na verloop van tijd kan de werkelijke waarde van socialezekerheidsuitkeringen eroderen, waardoor de koopkracht afneemt. Als gevolg hiervan kunnen gepensioneerden die te afhankelijk zijn van deze uitkeringen het steeds moeilijker krijgen om basisuitgaven zoals huur, nutsvoorzieningen, gezondheidszorg en voedsel te dekken.

Gezondheidszorg is een van de grootste uitgaven voor gepensioneerden, en sociale zekerheid alleen is vaak niet genoeg om de stijgende medische kosten te dekken. Hoewel veel landen een vorm van nationale gezondheidszorg bieden, hebben gepensioneerden vaak aanvullende verzekeringen of extra spaargeld nodig om diensten te dekken die niet volledig door de openbare gezondheidszorg worden geleverd. Deze kosten kunnen aanzienlijk zijn, vooral naarmate mensen ouder worden en vaker medische zorg nodig hebben. Zonder voldoende spaargeld of extra inkomstenbronnen kunnen gepensioneerden die sterk afhankelijk zijn van sociale zekerheid moeite hebben om de gezondheidszorg te betalen die ze nodig hebben.

Bovendien bieden socialezekerheidsstelsels doorgaans basisvoorzieningen, maar ze houden geen rekening met levensstijl- of vrijetijdsuitgaven. Pensioen is bedoeld als een tijd waarin u kunt genieten van de vruchten van uw arbeid, of het nu gaat om reizen, hobby's of tijd doorbrengen met familie en vrienden. Als u uitsluitend op sociale zekerheid vertrouwt, moet u deze activiteiten mogelijk aanzienlijk terugschroeven, wat uw levenskwaliteit kan beïnvloeden. Voor degenen die een actief pensioen voor ogen hebben, is het essentieel om aanvullende inkomstenstromen te hebben, zoals investeringen, persoonlijke besparingen of pensioenen, om aan te vullen wat de sociale zekerheid biedt.

Een belangrijke overweging is de mogelijkheid van een lang leven. Mensen leven langer dan ooit, en hoewel dat geweldig nieuws is voor een langer pensioen, betekent het ook dat uw geld langer mee moet gaan. Te veel vertrouwen op sociale zekerheid kan ertoe leiden dat gepensioneerden hun financiële middelen niet meer kunnen gebruiken. Omdat de betalingen vaak niet genoeg zijn om in de behoeften op de lange termijn te voorzien, kunnen gepensioneerden zonder voldoende spaargeld later in hun leven financiële problemen krijgen, wanneer ze minder goed in staat zijn om hun uitgaven aan te passen of weer aan het werk te gaan.

Om de valkuilen van overmatig vertrouwen op sociale zekerheid te vermijden, is het essentieel om een gediversifieerd pensioenplan te hebben. Dit kan bestaan uit door de werkgever gesponsorde pensioenregelingen, persoonlijke spaargelden, investeringen en andere inkomsten genererende activa. Het opbouwen van meerdere inkomstenstromen zorgt ervoor dat u niet volledig afhankelijk bent van één enkele bron van fondsen, waardoor uw financiële toekomst veiliger wordt.

Begin met het beoordelen van hoeveel sociale zekerheid u zult bieden en vergelijk dit met uw verwachte pensioenuitgaven. Deze vergelijking kan u helpen bepalen hoeveel extra spaargeld of inkomen u nodig zult hebben om uw gewenste levensstijl te behouden. Financiële planners raden vaak aan om te streven naar het vervangen van ten minste 70% tot 80% van uw inkomen vóór pensionering om de uitgaven tijdens uw pensioen comfortabel te dekken. Aangezien sociale zekerheid alleen doorgaans een veel kleiner percentage van dat bedrag dekt, zult u het verschil via andere bronnen moeten aanvullen.

Verstandig investeren tijdens uw werkzame jaren kan helpen om ervoor te zorgen dat u voldoende spaargeld hebt voor uw pensioen. Overweeg om bij te dragen aan pensioenrekeningen, beleggingsfondsen of andere langetermijnbeleggingen die groeipotentieel bieden. Deze activa kunnen u helpen een spaarpotje op te bouwen dat uw socialezekerheidsuitkeringen aanvult, wat meer financiële zekerheid biedt naarmate u ouder wordt.

Een andere manier om overmatige afhankelijkheid van sociale zekerheid te beperken, is om het opnemen van uw uitkeringen uit te stellen, indien mogelijk. In veel landen kan het uitstellen van socialezekerheidsbetalingen tot na de officiële pensioenleeftijd resulteren in hogere maandelijkse betalingen. Hoewel dit misschien niet voor iedereen haalbaar is, met name voor mensen met gezondheidsproblemen of beperkte spaargelden, kan het een slimme strategie zijn voor degenen die het zich kunnen veroorloven om te wachten.

In sommige gevallen kan parttime werken tijdens uw pensioen helpen de kloof te overbruggen tussen socialezekerheidsuitkeringen en uw financiële behoeften. Veel gepensioneerden kiezen ervoor om flexibel of parttime te werken om actief te blijven en hun inkomen aan te vullen. Deze strategie biedt niet alleen financiële voordelen, maar kan ook structuur en doel toevoegen aan uw pensioenjaren.

Ten slotte is het cruciaal om op de hoogte te blijven van veranderingen in het beleid en de regels van de sociale zekerheid. Overheden passen deze programma's regelmatig aan, wat van invloed kan zijn op wanneer en hoeveel u kunt ontvangen. Door op de hoogte te blijven, kunt u uw pensioenplannen dienovereenkomstig aanpassen en voorkomen dat u wordt verrast door onverwachte veranderingen.

Concluderend, hoewel sociale zekerheid een waardevol onderdeel van uw pensioeninkomen kan zijn, is het een fout om er te veel op te vertrouwen, wat kan leiden tot financiële uitdagingen. Sociale zekerheid is bedoeld om uw inkomen aan te vullen, niet te vervangen, en is vaak onvoldoende om al uw uitgaven tijdens uw pensioen te dekken. Door uw inkomstenstromen te diversifiëren, te plannen voor inflatie en te sparen gedurende uw werkzame jaren, kunt u een veiligere financiële basis creëren en genieten van een comfortabeler en bevredigender pensioen.

Geen planning voor zorgkosten

Een van de meest voorkomende en kritieke fouten die mensen maken bij het voorbereiden op hun pensioen, is het onderschatten of niet plannen van de kosten voor gezondheidszorg. Gezondheidszorg is een van de grootste uitgaven waarmee gepensioneerden worden geconfronteerd, en het niet adequaat voorbereiden kan leiden tot financiële druk tijdens wat een comfortabele en stressvrije levensfase zou moeten zijn. In tegenstelling tot veel andere pensioenuitgaven zijn kosten voor gezondheidszorg niet alleen onvermijdelijk, maar stijgen ze ook aanzienlijk met de leeftijd.

Naarmate mensen ouder worden, nemen hun behoeften aan gezondheidszorg over het algemeen toe. De kans dat ze vaker naar de dokter moeten, medicijnen moeten halen, behandelingen moeten ondergaan en mogelijk langdurige zorg nodig hebben, neemt toe naarmate de tijd verstrijkt. Veel gepensioneerden zijn verbaasd over hoeveel van hun budget wordt verbruikt door gezondheidszorg, vooral wanneer ze een leeftijd bereiken waarop gezondheidsproblemen vaker voorkomen. Hoewel sommige landen basis- of gesubsidieerde gezondheidszorg bieden, kunnen de werkelijke kosten die ze zelf moeten betalen nog steeds aanzienlijk zijn en deze nemen vaak toe naarmate de complexiteit en frequentie van de gezondheidszorgbehoeften toenemen.

Om te beginnen kunnen de kosten van regelmatige medische bezoeken en medicijnen een grote financiële last worden als ze niet goed worden verantwoord. In de loop der jaren worden routinecontroles, afspraken met specialisten en het beheer van chronische aandoeningen frequenter. Voorgeschreven medicijnen kunnen bijzonder duur zijn, vooral voor degenen die langdurig medicatie nodig hebben voor aandoeningen zoals diabetes, hoge bloeddruk of artritis. Zonder goede financiële planning kunnen deze kosten snel ten koste gaan van de pensioenspaarrekening.

Naast routinematige medische zorg moeten gepensioneerden mogelijk rekening houden met grotere zorgkosten, zoals operaties, revalidatie en andere grote medische behandelingen. Met de leeftijd neemt het risico op ernstige gezondheidsproblemen toe, zoals hartaandoeningen, beroertes, kanker of mobiliteitsproblemen, die allemaal kostbare medische ingrepen kunnen vereisen. Deze onverwachte medische kosten kunnen financieel verwoestend zijn als u niet de middelen opzij hebt gezet om ze te dekken.

Een gebied dat vaak wordt verwaarloosd bij de planning van het pensioen is de potentiële behoefte aan langdurige zorg. Naarmate de levensverwachting toeneemt, leven meer gepensioneerden ruim in de 80 en ouder, en met de gevorderde leeftijd is de kans groter dat ze hulp nodig hebben bij dagelijkse activiteiten zoals baden, aankleden, eten en bewegen. Deze zorg kan thuis worden verleend door een verzorger of in een verzorgingshuis, maar beide opties kunnen kostbaar zijn. Langdurige zorg is vaak meerdere jaren nodig, vooral in gevallen van cognitieve achteruitgang, zoals dementie of de ziekte van Alzheimer. De kosten die gepaard gaan met langdurige zorg zijn aanzienlijk en kunnen uw pensioenspaargeld snel uitputten als ze niet in uw pensioenplan worden meegenomen.

Veel gepensioneerden worden ook geconfronteerd met hogere kosten voor tandheelkundige, visuele en gehoorzorg. Deze gezondheidszorggebieden worden vaak over het hoofd gezien bij de pensioenplanning, maar ze kunnen in de loop van de tijd oplopen. Naarmate mensen ouder worden, komen tandheelkundige problemen zoals tandvleesaandoeningen, tandverlies en de noodzaak van een kunstgebit vaker voor. Evenzo vereisen zichtproblemen, zoals staar of glaucoom, en gehoorverlies vaak voortdurende behandelingen, corrigerende operaties of het gebruik van hulpmiddelen zoals een bril, contactlenzen of gehoorapparaten. Deze kosten kunnen aanzienlijk zijn, vooral omdat ze de neiging hebben om te stijgen naarmate u ouder wordt.

Plannen voor gezondheidszorg tijdens uw pensioen houdt in dat u deze kosten zo nauwkeurig mogelijk inschat en voldoende spaargeld opzijzet om ze te dekken. Het is ook cruciaal om vroeg te beginnen met plannen. Veel mensen wachten tot ze bijna met pensioen gaan om na te denken over gezondheidszorgkosten, maar hoe eerder u begint, hoe beter u voorbereid bent om deze kosten te dragen.

Een effectieve strategie voor het beheren van zorgkosten is het creëren van een speciaal zorgfonds binnen uw totale pensioensparen. Dit fonds moet specifiek worden gereserveerd voor medische kosten, inclusief zowel routinematige zorg als onverwachte zorgbehoeften. Door dit fonds in de loop van de tijd op te bouwen, kunt u de financiële last spreiden en wordt u niet verrast door hoge medische rekeningen tijdens uw pensioen. Sommige financiële planners raden aan om een deel van uw pensioensparen speciaal opzij te zetten voor zorgkosten om ervoor te zorgen dat u de toegenomen kosten die gepaard gaan met ouder worden, kunt dekken.

Een ander belangrijk aspect van gezondheidszorgplanning is het leiden van een gezonde levensstijl voor en tijdens pensionering. Hoewel sommige kosten voor gezondheidszorg onvermijdelijk zijn, kunnen veel worden beperkt door keuzes in levensstijl. Het handhaven van een gezond dieet, regelmatig bewegen en het vermijden van schadelijke gewoonten zoals roken, kan helpen het risico op chronische ziekten te verminderen die vaak leiden tot hogere medische kosten later in het leven. Regelmatige preventieve zorg is ook belangrijk, omdat het kan helpen gezondheidsproblemen vroegtijdig te detecteren, wanneer ze gemakkelijker en goedkoper te behandelen zijn.

Denk daarnaast ook aan uw woonsituatie en hoe dit van invloed kan zijn op uw gezondheidszorgbehoeften tijdens uw pensioen. Veel gepensioneerden kiezen ervoor om kleiner te gaan wonen of te verhuizen naar gemeenschappen die gemakkelijker toegang bieden tot medische voorzieningen en diensten. Sommigen kiezen ervoor om in seniorengemeenschappen te wonen waar gezondheidszorgdiensten gemakkelijker beschikbaar zijn of waar ze hulp kunnen krijgen naarmate ze ouder worden. Hoewel verhuizen vooraf kosten met zich mee kan brengen, kan het uiteindelijk geld besparen en stress verminderen door ervoor te zorgen dat u snel en betrouwbaar toegang hebt tot de gezondheidszorgdiensten die u nodig hebt naarmate u ouder wordt.

Samenvattend is het niet plannen van zorgkosten een belangrijke omissie die een ernstige impact kan hebben op uw financiële stabiliteit tijdens uw pensioen. Zorgkosten stijgen doorgaans met de leeftijd en als u hier geen rekening mee houdt, kan dat leiden tot financiële problemen en uw vermogen om van uw pensioenjaren te genieten beperken. Om deze fout te voorkomen, is het essentieel om toekomstige zorgkosten te schatten, een speciaal spaarfonds voor medische kosten op te bouwen en na te denken over keuzes voor levensstijl en huisvesting die toekomstige gezondheidsproblemen kunnen helpen verzachten. Door deze stappen te nemen, kunt u uzelf beter beschermen tegen de financiële risico's die samenhangen met zorg en ervoor zorgen dat u de middelen hebt die u nodig hebt om van een gezond en veilig pensioen te genieten.

Het verwaarlozen van fiscale implicaties

Een van de meest over het hoofd geziene aspecten van pensioenplanning is het begrijpen en verantwoorden van de fiscale gevolgen van uw pensioeninkomen. Veel mensen gaan ervan uit dat pensioen automatisch een lagere belastingdruk betekent, maar dat is niet altijd het geval. Het verwaarlozen van belastingplanning kan leiden tot onverwachte financiële problemen, een lager inkomen en een verminderde levensstandaard tijdens uw pensioen. Hoewel belastingregels per land verschillen, geldt het principe van het beheren en voorbereiden op belastingen universeel.

In de meeste landen zijn verschillende bronnen van pensioeninkomen, zoals pensioenen, spaargeld, investeringen en opnames van pensioenrekeningen, onderhevig aan belasting. Als u geen rekening houdt met deze belastingen, kunnen gepensioneerden aanzienlijk minder inkomsten ontvangen dan ze hadden verwacht. Zonder zorgvuldige planning kunt u te maken krijgen met hogere belastingen die uw pensioenspaargeld uithollen, wat van invloed is op uw vermogen om uw levensonderhoud en zorgkosten te dekken en van uw pensioen te genieten.

Een van de belangrijkste fiscale overwegingen bij pensionering is de belasting van pensioenuitkeringen. In veel landen zijn door de staat of werkgever verstrekte pensioenen onderworpen aan inkomstenbelasting, en het bedrag aan belasting dat u verschuldigd bent, kan afhangen van uw totale inkomen tijdens uw pensionering. Als u meerdere inkomstenbronnen hebt, zoals huurwoningen of beleggingsdividenden, kan uw totale belastingaanslag hoger uitvallen dan verwacht. Voor gepensioneerden die gewend zijn dat hun pensioen een aanzienlijk deel van hun pensioeninkomen oplevert, kan het een onaangename verrassing zijn als ze ontdekken dat een groot deel ervan belastbaar is.

Beleggingsinkomsten zijn een ander gebied waar gepensioneerden vaak verzuimen rekening te houden met fiscale implicaties. Dividenden, vermogenswinsten en rente op beleggingen worden vaak belast, en de tarieven kunnen variëren afhankelijk van de belastingwetgeving van uw land en het type belegging. Als u hebt belegd in aandelen, obligaties, beleggingsfondsen of onroerend goed, is het essentieel om te begrijpen hoe uw rendementen worden belast. Sommige beleggingen, zoals aandelen die dividenden uitkeren, kunnen gunstige belastingtarieven bieden, terwijl andere tegen hogere tarieven kunnen worden belast, wat uw totale rendement kan aantasten.

Opnames uit pensioenspaarrekeningen of particuliere pensioenen hebben ook fiscale gevolgen. In veel landen worden bijdragen aan bepaalde pensioenrekeningen gedaan met inkomsten vóór belasting, wat betekent dat u het betalen van belasting over deze fondsen uitstelt totdat u ze opneemt tijdens uw pensioen. Hoewel dit belastingvoordelen biedt tijdens uw werkzame jaren, betekent het dat opnames van deze rekeningen onderworpen zijn aan inkomstenbelasting tijdens uw pensioen. Hoe meer u opneemt in een bepaald jaar, hoe hoger uw belastingaanslag kan zijn, vooral als het u in een hogere belastingschijf duwt.

Een andere belastingvalkuil waar gepensioneerden vaak in trappen, is het niet goed beheren van de timing van hun opnames. In veel gevallen nemen gepensioneerden grote bedragen op in het begin van hun pensioen om grote uitgaven te dekken, zoals huisrenovaties, medische rekeningen of reizen. Grote opnames kunnen uw belastbare inkomen voor dat jaar aanzienlijk verhogen, wat leidt tot een hogere belastingrekening dan wanneer u die opnames over meerdere jaren had gespreid. Dit probleem wordt nog groter als u meerdere inkomstenbronnen ontvangt, zoals een pensioen, beleggingsrendementen en huurinkomsten, die allemaal tegen verschillende tarieven kunnen worden belast.

Een belangrijke strategie om de belastingdruk te verlichten is om uw pensioeninkomensbronnen te diversifiëren. Bijvoorbeeld, een mix van belastbare en niet-belastbare inkomstenbronnen kan helpen om uw totale belastingverplichting te verlagen. Sommige landen bieden belastingvrije rekeningen voor gepensioneerden, waar investeringen of spaargeld belastingvrij kunnen groeien en opnames niet worden belast. Door dit soort rekeningen te gebruiken naast andere belastbare inkomstenstromen kunt u uw belastingrisico beheren en ervoor zorgen dat u meer van uw pensioeninkomen behoudt.

Gepensioneerden kunnen ook profiteren van belasting-efficiënte opnamestrategieën. In sommige gevallen kan het voordelig zijn om eerst geld op te nemen van rekeningen die tegen een lager tarief worden belast, waardoor belastinguitgestelde rekeningen kunnen blijven groeien. Door opnames te spreiden en rekening te houden met belastingschijven, kunnen gepensioneerden hun belastingdruk minimaliseren en er tegelijkertijd voor zorgen dat aan hun inkomensbehoeften wordt voldaan.

Belastingen op vermogenswinst zijn een ander belangrijk aspect om te overwegen. Als u beleggingen bezit zoals aandelen, onroerend goed of andere activa, kan de verkoop ervan tijdens uw pensioen resulteren in belasting op vermogenswinst. Veel gepensioneerden houden hier geen rekening mee bij het plannen van hun financiën, ervan uitgaande dat hun beleggingsrendementen belastingvrij zijn. Begrijpen hoe belasting op vermogenswinst werkt, inclusief het verschil tussen kortetermijn- en langetermijnkapitaalwinst, kan u helpen beter te plannen wanneer en hoe u activa verkoopt om uw belastingverplichting te minimaliseren.

Als u van plan bent om te verhuizen tijdens uw pensioen, binnen uw eigen land of naar een ander land, moet u rekening houden met de fiscale gevolgen van die verhuizing. Sommige regio's of landen hebben verschillende belastingregels voor gepensioneerden, die uw belastingdruk kunnen verhogen of verlagen, afhankelijk van waar u naartoe verhuist. Sommige landen bieden bijvoorbeeld gunstige belastingtarieven voor buitenlandse gepensioneerden of lagere belastingtarieven voor bepaalde soorten inkomsten. Het is belangrijk om de belastingregels van een potentiële pensioenbestemming te onderzoeken om onverwachte belastingaanslagen te voorkomen nadat u bent verhuisd.

Voor gepensioneerden die onroerend goed bezitten, kan huurinkomsten een waardevolle bron van inkomsten zijn tijdens hun pensioen. Veel mensen realiseren zich echter niet dat huurinkomsten vaak belastbaar zijn en hun jaarlijkse belastingaanslag aanzienlijk kunnen verhogen. Bovendien kan de verkoop van huurwoningen resulteren in vermogenswinstbelasting, wat uw belastingsituatie nog ingewikkelder kan maken. Een goede planning voor de fiscale gevolgen van het bezitten en verkopen van onroerend goed kan u helpen financiële verrassingen later in uw pensioen te voorkomen.

Erfbelasting en successierechten zijn ook belangrijk om te overwegen, vooral als u van plan bent om uw vermogen door te geven aan uw familie. Sommige landen heffen belastingen op activa die aan erfgenamen worden nagelaten, wat het bedrag dat uw begunstigden ontvangen aanzienlijk kan verlagen. Als u deze belastingen niet plant, kan dit leiden tot onbedoelde financiële gevolgen voor uw dierbaren. Door estate planning op te nemen in uw pensioenstrategie, kunt u ervoor zorgen dat uw activa worden verdeeld volgens uw wensen en dat belastingen waar mogelijk worden geminimaliseerd.

Samenvattend is het negeren van fiscale implicaties een veelvoorkomende en kostbare fout bij het plannen van uw pensioen. Pensioeninkomen is onderhevig aan verschillende belastingen, waaronder inkomstenbelasting op pensioenen, opnames van spaarrekeningen, beleggingsrendementen en vermogenswinsten. Het begrijpen en plannen van deze belastingen is essentieel om uw pensioensparen te behouden en een comfortabele levensstijl te behouden. Strategieën zoals het diversifiëren van inkomstenbronnen, het timen van opnames en het gebruiken van belastingvoordelige rekeningen kunnen helpen uw belastingdruk te verminderen en uw financiële welzijn te beschermen tijdens uw pensioen.

Te weinig sparen voor pensioen

Een van de grootste fouten die mensen maken bij het plannen van hun pensioen is dat ze niet genoeg sparen om de levensstijl te behouden die ze wensen in hun latere jaren. Te weinig sparen voor hun pensioen kan leiden tot financiële problemen, waardoor gepensioneerden gedwongen worden om concessies te doen aan hun levensstandaard, langer te werken dan ze hadden gepland of zelfs afhankelijk te zijn van familie voor financiële steun. De gevolgen van te weinig sparen zijn verstrekkend en deze fout kan vaak moeilijk te corrigeren zijn, vooral als je het te laat in je carrière beseft.

De voornaamste reden dat veel mensen te weinig sparen voor hun pensioen is dat ze onderschatten hoeveel ze nodig hebben om hun levensstijl te behouden tijdens hun pensioen. Er is vaak een misvatting dat uitgaven drastisch zullen dalen zodra u stopt met werken. Hoewel het waar is dat sommige kosten, zoals woon-werkverkeer of werkgerelateerde uitgaven, kunnen worden verlaagd, blijven veel andere uitgaven hetzelfde of stijgen zelfs. Bijvoorbeeld, gezondheidszorgkosten stijgen doorgaans met de leeftijd, vrijetijdsactiviteiten kunnen frequenter worden en inflatie erodeert de koopkracht na verloop van tijd. Zonder zorgvuldige planning kunnen deze kosten snel de spaargelden van een gepensioneerde opmaken, vooral als ze niet voldoende hebben gespaard.

Een van de redenen voor deze misrekening is dat mensen zich vaak richten op de korte termijn, waarbij ze prioriteit geven aan directe financiële behoeften en verlangens boven langetermijnsparen. Het is gemakkelijk om in de valkuil te trappen dat pensioen nog ver weg is en dat er nog genoeg tijd is om het later in te halen. Dit soort denken leidt echter tot uitstel van sparen, en hoe langer u wacht om te beginnen, hoe moeilijker het wordt om de benodigde fondsen te verzamelen. Samengestelde rente werkt het meest effectief als er tijd wordt gegeven om te groeien, en het uitstellen van pensioensparen betekent dat u de voordelen van samengestelde rente in de loop der jaren misloopt.

Een andere factor die bijdraagt aan te weinig sparen is een gebrek aan bewustzijn over hoe lang het pensioen kan duren. Nu de levensverwachting in veel delen van de wereld toeneemt, leven mensen langer dan ooit tevoren. Hoewel dit ongetwijfeld positief is, betekent het ook dat pensioensparen verder moet reiken dan veel mensen verwachten. Het is niet ongewoon dat mensen 20, 30 of zelfs 40 jaar met pensioen zijn, en als je hier geen rekening mee houdt, kan dat ertoe leiden dat je je spaargeld overleeft. Zonder voldoende spaarpotje kunnen gepensioneerden in hun latere jaren met financiële problemen te maken krijgen, wanneer ze het minst in staat zijn om weer aan het werk te gaan of aanzienlijke aanpassingen in hun levensstijl te maken.

Naast een langere levensverwachting speelt inflatie een belangrijke rol bij het uithollen van de waarde van spaargeld in de loop van de tijd. Zelfs gematigde inflatie kan uw koopkracht tijdens uw pensioen aanzienlijk verminderen. Bijvoorbeeld, de kosten van alledaagse artikelen, zoals voedsel, huisvesting en nutsvoorzieningen, kunnen in de loop der jaren toenemen, terwijl de waarde van uw spaargeld hetzelfde blijft. Als u niet genoeg hebt gespaard om rekening te houden met inflatie, kan het steeds moeilijker worden om in de loop der jaren de basiskosten van levensonderhoud te dekken.

Veel mensen houden ook geen rekening met de levensstijl die ze willen na hun pensioen. Pensioen wordt vaak gezien als een tijd van ontspanning en plezier, met de vrijheid om hobby's te beoefenen, te reizen en tijd door te brengen met geliefden. Deze activiteiten kosten echter geld en zonder voldoende spaargeld moeten gepensioneerden hun plannen mogelijk terugschroeven. Het is belangrijk om realistisch te zijn over het soort pensioenleven dat u wilt en dienovereenkomstig te sparen. Of u nu van plan bent om veel te reizen, te verhuizen of nieuwe hobby's op te pakken, deze activiteiten brengen kosten met zich mee die moeten worden meegenomen in uw pensioenspaarplan.

Een van de meest effectieve manieren om te voorkomen dat u te weinig spaart voor uw pensioen, is om vroeg en consistent te beginnen met sparen. Hoe eerder u begint met sparen, hoe meer tijd uw beleggingen hebben om te groeien. Zelfs kleine bijdragen die u vroeg in uw carrière doet, kunnen na verloop van tijd een aanzienlijk pensioenfonds vormen. Bovendien zorgt het ontwikkelen van de gewoonte om regelmatig te sparen ervoor dat u consistent werkt aan uw financiële doelen, in plaats van te vertrouwen op last-minute inspanningen om in te halen.

Voor degenen die pas later in hun leven zijn begonnen met sparen, is niet alles verloren, maar het vereist agressievere spaar- en investeringsstrategieën om de verloren tijd in te halen. Het verhogen van uw spaarpercentage en het verminderen van onnodige uitgaven in de jaren voorafgaand aan uw pensioen kan helpen uw pensioenfonds te vergroten. Daarnaast kan beleggen in activa die hogere rendementen bieden, met begrip voor de bijbehorende risico's, helpen de spaarkloof te dichten. Het is echter belangrijk om beleggingen met een hoger risico in evenwicht te brengen met stabielere opties om ervoor te zorgen dat uw spaargeld beschermd is als u de pensioengerechtigde leeftijd nadert.

Een ander cruciaal aspect om te voorkomen dat u te weinig spaart, is het regelmatig opnieuw beoordelen van uw pensioendoelen en spaarvoortgang. Levensomstandigheden veranderen en het is belangrijk om uw spaarplan dienovereenkomstig aan te passen. Als u bijvoorbeeld een salarisverhoging krijgt, geld erft of grote schulden aflost, overweeg dan om een deel van dat extra inkomen naar uw pensioensparen te sturen. Door uw spaarplan regelmatig te herzien, kunt u ervoor zorgen dat u op schema ligt en kunt u aanpassingen doen voordat het te laat is.

Het is ook de moeite waard om professioneel financieel advies in te winnen bij het plannen van uw pensioen. Veel mensen onderschatten hoeveel ze moeten sparen omdat ze niet zeker weten hoe ze hun pensioenbehoeften nauwkeurig kunnen berekenen. Een financieel adviseur kan u helpen uw doelen, inkomsten, uitgaven en andere factoren te beoordelen om een realistisch pensioenspaarplan te maken. Ze kunnen u ook adviseren over beleggingsstrategieën die aansluiten bij uw risicobereidheid en langetermijndoelen, zodat uw spaargeld met een passend tempo groeit.

Tot slot is het belangrijk om te erkennen dat pensioenplanning niet alleen draait om het opbouwen van spaargeld; het draait ook om het verstandig beheren van dat spaargeld. Zelfs als u voldoende hebt gespaard, kan slecht financieel beheer tijdens uw pensioen leiden tot te veel uitgeven of verkeerd investeren, waardoor uw fondsen snel uitgeput kunnen raken. Een goede pensioenstrategie houdt niet alleen in dat u voldoende spaart, maar ook dat u voorzichtig omgaat met opnames en investeringen als u eenmaal met pensioen bent.

Concluderend is te weinig sparen voor je pensioen een veelvoorkomende en potentieel verwoestende fout. Veel mensen onderschatten hoeveel ze nodig hebben om hun gewenste levensstijl te behouden, houden geen rekening met inflatie en negeren de impact van een langere levensverwachting. De sleutel om deze valkuil te vermijden, is om vroeg te beginnen met sparen, consistent te sparen en je financiële doelen regelmatig opnieuw te beoordelen. Door deze stappen te nemen, kun je ervoor zorgen dat je de middelen hebt die je nodig hebt om te genieten van een comfortabel en financieel veilig pensioen.

Het niet regelmatig opnieuw beoordelen van pensioenplannen

Een van de meest kritische maar vaak over het hoofd geziene aspecten van effectieve pensioenplanning is de noodzaak om uw pensioenstrategie regelmatig opnieuw te beoordelen en bij te werken. Veel mensen zetten hun pensioenplannen in gang op basis van hun huidige omstandigheden en aannames over de toekomst, maar vergeten vervolgens hun plannen te herzien en aan te passen naarmate het leven verandert. Dit toezicht kan leiden tot aanzienlijke financiële uitdagingen en kan uw pensioendoelen mogelijk doen ontsporen.

De voornaamste reden om pensioenplannen niet opnieuw te beoordelen, is de veronderstelling dat een plan dat eenmaal is opgesteld, geen verdere aanpassingen nodig heeft. Hoewel het waar is dat een goed doordacht plan essentieel is, is het net zo belangrijk om te erkennen dat het leven dynamisch is en voortdurend verandert. Persoonlijke omstandigheden, economische omstandigheden en financiële markten kunnen onverwacht veranderen en een pensioenplan dat niet is aangepast aan deze veranderingen, kan verouderd of ontoereikend raken.

Een veelvoorkomend scenario dat een herbeoordeling noodzakelijk maakt, is een verandering in persoonlijke omstandigheden. Levensgebeurtenissen zoals een huwelijk, een scheiding, de geboorte van kinderen of het overlijden van een partner kunnen een aanzienlijke impact hebben op uw financiële situatie en pensioenplannen. De geboorte van een kind kan bijvoorbeeld uw financiële verantwoordelijkheden vergroten en uw prioriteiten verschuiven, waardoor aanpassingen in uw pensioenspaarstrategie nodig zijn. Evenzo kan een scheiding uw financiële middelen beïnvloeden en een herevaluatie van uw pensioendoelen noodzakelijk maken. Als u uw plan niet aanpast als reactie op deze veranderingen, kan dit leiden tot onvoldoende besparingen of verkeerd afgestemde doelen.

Een andere cruciale factor om te overwegen is veranderingen in inkomen of werkgelegenheid. Carrièreontwikkelingen, baanverlies of veranderingen in werkstatus kunnen van invloed zijn op uw vermogen om te sparen en te investeren voor uw pensioen. Als u een salarisverhoging krijgt, kan dit een kans zijn om uw pensioensparen te verhogen. Omgekeerd kan een baanverlies of een vermindering van inkomen vereisen dat u uw spaarstrategie aanpast om ervoor te zorgen dat u nog steeds uw pensioendoelen kunt halen. Door uw pensioenplan regelmatig te herzien, kunt u de nodige aanpassingen doen op basis van veranderingen in uw inkomen of werkstatus.

Economische omstandigheden en financiële markten spelen ook een belangrijke rol bij pensioenplanning. Schommelingen in rentetarieven, inflatiepercentages en beleggingsrendementen kunnen van invloed zijn op uw pensioensparen en beleggingen. Langdurige periodes van lage rentetarieven kunnen bijvoorbeeld van invloed zijn op de groei van uw spaargeld als u sterk afhankelijk bent van rentegevende rekeningen. Evenzo kunnen aanzienlijke marktdalingen van invloed zijn op de waarde van uw beleggingen, waardoor mogelijk een herbeoordeling van uw beleggingsstrategie en vermogensallocatie nodig is. Door uw plan regelmatig te herzien, blijft u op de hoogte van deze veranderingen en kunt u aanpassingen doen om uw financiële toekomst veilig te stellen.

Inflatie is een andere factor die uw koopkracht in de loop van de tijd kan aantasten, waardoor het essentieel is om uw pensioenplan periodiek opnieuw te beoordelen. Zelfs als uw oorspronkelijke spaardoelen voldoende waren, kan inflatie de kosten van levensonderhoud verhogen en de waarde van uw geld verminderen. Door uw plan regelmatig te herzien en uw spaardoelen aan te passen om rekening te houden met inflatie, kunt u helpen ervoor te zorgen dat uw pensioeninkomen toereikend blijft om uw uitgaven te dekken.

Gezondheidszorgkosten zijn ook een kritische overweging die in de loop van de tijd kan veranderen. Naarmate u ouder wordt, zullen uw gezondheidszorgbehoeften en bijbehorende kosten waarschijnlijk toenemen. Als uw pensioenplan geen rekening houdt met stijgende gezondheidszorgkosten of veranderingen in uw gezondheidstoestand, bent u mogelijk niet voorbereid om deze kosten te dragen. Regelmatige herziening van uw pensioenplan stelt u in staat om uw spaar- en beleggingsstrategieën aan te passen om de verwachte gezondheidszorgkosten aan te pakken en uw financiële welzijn te beschermen.

Belastingwetten en -regelgeving kunnen ook veranderen, wat van invloed is op uw pensioenplanning. Aanpassingen in het belastingbeleid of veranderingen in uw belastingsituatie kunnen van invloed zijn op uw pensioensparen en -opnames. Veranderingen in belastingtarieven of regelgeving die van invloed zijn op pensioenrekeningen kunnen bijvoorbeeld van invloed zijn op uw strategie voor het opnemen van fondsen of het beheren van investeringen. Op de hoogte blijven van belastingwijzigingen en deze opnemen in uw pensioenplan zorgt ervoor dat u de meest belastingefficiënte beslissingen neemt voor uw pensioensparen.

Bovendien kunnen veranderingen in uw pensioendoelen of levensstijlvoorkeuren aanpassingen aan uw pensioenplan noodzakelijk maken. Naarmate u dichter bij uw pensioen komt, kunt u uw gewenste levensstijl en activiteiten opnieuw beoordelen, zoals reizen, verhuizen of nieuwe hobby's nastreven. Deze veranderingen kunnen van invloed zijn op uw financiële behoeften en vereisen aanpassingen aan uw spaarplan om ervoor te zorgen dat u de pensioenlevensstijl kunt bereiken die u voor ogen heeft.

Om uw pensioenplan effectief te heroverwegen, is het belangrijk om een routine voor regelmatige beoordelingen op te zetten. Dit kan jaarlijks zijn of wanneer er belangrijke levensgebeurtenissen of financiële veranderingen plaatsvinden. Evalueer tijdens deze beoordelingen uw huidige financiële situatie, beoordeel de voortgang richting uw pensioendoelen en pas uw strategie indien nodig aan. Overleg met een financieel adviseur kan waardevolle inzichten bieden en u helpen weloverwogen beslissingen te nemen over het aanpassen van uw plan.

Samengevat, als u uw pensioenplannen niet regelmatig opnieuw beoordeelt, kan dat leiden tot financiële problemen en gemiste kansen. Veranderingen in het leven, economische omstandigheden, inflatie, kosten voor gezondheidszorg en belastingwetten kunnen allemaal van invloed zijn op uw pensioenstrategie. Door uw pensioenplan regelmatig te beoordelen en bij te werken, kunt u ervoor zorgen dat het in lijn blijft met uw doelen, zich aanpast aan veranderende omstandigheden en effectief omgaat met opkomende uitdagingen. Deze proactieve aanpak helpt u om financiële zekerheid te behouden en een comfortabel en bevredigend pensioen te bereiken.

Te vroeg spaargeld opnemen

Te vroeg pensioensparen opnemen is een kritieke fout die uw financiële zekerheid op de lange termijn in gevaar kan brengen en uw pensioenplannen kan verstoren. Deze fout ontstaat vaak door een gebrek aan begrip over de impact van vroege opnames op uw algehele pensioenstrategie of door directe financiële druk waardoor vroege toegang tot fondsen noodzakelijk lijkt. De gevolgen van dergelijke opnames kunnen echter verstrekkend zijn en schadelijk voor uw pensioendoelen.

Een van de belangrijkste risico's die gepaard gaan met het te vroeg opnemen van spaargeld is de uitputting van uw pensioenfonds. Pensioenrekeningen en spaargelden zijn ontworpen om financiële zekerheid te bieden gedurende uw pensioenjaren, die meerdere decennia kunnen beslaan. Geld opnemen vóór de pensioengerechtigde leeftijd kan het bedrag dat u later in uw leven tot uw beschikking heeft aanzienlijk verminderen. Deze vroege uitputting kan leiden tot financiële problemen, vooral als u onverwachte uitgaven tegenkomt of een langere pensioenperiode tegemoet gaat dan verwacht.

Een andere belangrijke overweging is de impact van vroege opnames op het groeipotentieel van uw spaargeld. Pensioenrekeningen profiteren vaak van samengestelde rente, waarbij de rente die u verdient op uw initiële investering na verloop van tijd extra rente genereert. Door fondsen vroegtijdig op te nemen, verlaagt u niet alleen het hoofdsombedrag dat samengestelde rente oplevert, maar mist u ook toekomstige potentiële groei. Deze verloren groei kan een cumulatief effect hebben, wat betekent dat hoe eerder u opneemt, hoe meer u verliest aan potentiële inkomsten op de lange termijn. Deze vermindering van het groeipotentieel kan een aanzienlijke invloed hebben op het vermogen van uw pensioenfonds om u gedurende uw pensioen te onderhouden.

Naast de impact op uw spaargroei, kunnen vroege opnames ook negatieve fiscale gevolgen hebben. In veel landen kan het opnemen van geld van pensioenrekeningen vóór een bepaalde leeftijd of buiten specifieke omstandigheden resulteren in boetes of extra belastingen. Deze boetes kunnen aanzienlijk zijn en het bedrag dat u beschikbaar hebt voor uw pensioen verder verminderen. Zelfs als er geen boetes worden opgelegd, duwen vroege opnames u vaak in een hogere belastingschijf, wat leidt tot een hogere belastingverplichting op de opgenomen fondsen. Inzicht in de fiscale gevolgen van vroege opnames en dienovereenkomstig plannen kan helpen onverwachte belastinglasten te voorkomen.

Financiële stress of noodgevallen zijn vaak de belangrijkste drijfveren achter vroege opnames. Hoewel het een haalbare oplossing lijkt om in tijden van financiële nood toegang te krijgen tot uw spaargeld, kan deze aanpak uw langetermijnpensioenzekerheid ondermijnen. Voordat u geld opneemt uit uw pensioenspaargeld, is het cruciaal om andere opties te onderzoeken, zoals noodfondsen, verzekeringsdekking of alternatieve inkomstenbronnen. Door financiële uitdagingen op deze manier aan te pakken, kunt u uw pensioenspaargeld behouden en uw financiële doelen op de lange termijn behouden.

Een andere overweging is de impact van vroege opnames op uw pensioenlevensstijl. Wanneer u vroegtijdig geld opneemt, moet u mogelijk uw pensioenplannen aanpassen om de verminderde besparingen te accommoderen. Dit kan betekenen dat u uw pensioen moet uitstellen, moet bezuinigen op gewenste uitgaven of activiteiten, of zwaarder moet leunen op sociale zekerheid of andere inkomstenbronnen. De vereiste aanpassingen kunnen uw levenskwaliteit tijdens uw pensioen beïnvloeden en uw vermogen beperken om te genieten van het pensioen dat u voor ogen had.

Om de valkuilen van vroegtijdige opnames te vermijden, is het essentieel om een goed gestructureerde pensioenspaarstrategie te hebben die een noodfonds en een duidelijk begrip van uw financiële behoeften op de lange termijn omvat. Het opbouwen van een noodfonds kan een vangnet bieden voor onverwachte uitgaven, waardoor de noodzaak om uw pensioenspaargeld voortijdig aan te spreken, wordt verminderd. Bovendien kan het opstellen van een uitgebreid financieel plan dat rekening houdt met mogelijke veranderingen in het leven en noodgevallen u helpen uw spaargeld effectiever te beheren en vroegtijdige opnames te voorkomen.

Als u zich in een situatie bevindt waarin een vroege opname onvermijdelijk lijkt, is het raadzaam om een financieel adviseur te raadplegen. Een adviseur kan u helpen de potentiële impact op uw pensioensparen te evalueren, alternatieve oplossingen te verkennen en weloverwogen beslissingen te nemen over het opnemen van uw fondsen. Ze kunnen u ook adviseren over hoe u de negatieve effecten van vroege opnames kunt minimaliseren en uw pensioenplan aanpassen om eventuele noodzakelijke wijzigingen op te vangen.

Samenvattend kan het te vroeg opnemen van pensioensparen ernstige gevolgen hebben voor uw financiële zekerheid op de lange termijn. De impact op uw spaargroei, mogelijke fiscale implicaties en de noodzaak om uw pensioenlevensstijl aan te passen, kunnen uw vermogen om een comfortabel pensioen te bereiken ondermijnen. Door de risico's te begrijpen die gepaard gaan met vroege opnames, alternatieve oplossingen voor financiële uitdagingen te onderzoeken en een goed gestructureerde pensioenspaarstrategie te handhaven, kunt u uw pensioenfondsen beschermen en een veiliger en bevredigender pensioen garanderen.

Geen noodfonds hebben

Het verwaarlozen van het aanhouden van een noodfonds is een belangrijke omissie in de pensioenplanning die ernstige gevolgen kan hebben voor uw financiële stabiliteit. Een noodfonds is een cruciaal onderdeel van een uitgebreide financiële strategie, ontworpen om een vangnet te bieden voor onverwachte uitgaven of financiële noodgevallen die zich kunnen voordoen. Zonder een toereikend noodfonds, kunt u gedwongen worden om uw pensioenspaargeld aan te spreken, wat uw financiële zekerheid op de lange termijn kan ondermijnen en uw pensioenplannen kan verstoren.

Een noodfonds dient als buffer tegen onvoorziene financiële uitdagingen, zoals onverwachte medische kosten, dringende reparaties aan huis of plotseling verlies van baan. Dit soort noodgevallen kunnen zich op elk moment voordoen en vereisen vaak onmiddellijke toegang tot fondsen. Zonder een speciaal noodfonds kunt u in de verleiding komen om geld op te nemen uit uw pensioenspaargeld of schulden aan te gaan met een hoge rente om deze kosten te dekken. Beide opties kunnen nadelige gevolgen hebben voor uw pensioenplanning en financiële welzijn.

Een van de belangrijkste risico's van het niet hebben van een noodfonds is de potentiële noodzaak om voortijdig uit uw pensioensparen te putten. Pensioenrekeningen zijn bedoeld om financiële zekerheid op de lange termijn te bieden en zijn doorgaans niet gemakkelijk toegankelijk zonder boetes of fiscale gevolgen. Door pensioenfondsen te gebruiken om noodgevallen aan te pakken, put u niet alleen uw spaargeld uit, maar brengt u ook het groeipotentieel van uw beleggingen in gevaar. Deze vroege opname kan de hoeveelheid geld die beschikbaar is voor uw pensioenjaren aanzienlijk verminderen en kan later in uw leven tot financiële problemen leiden.

Naast het uitputten van uw pensioenspaargeld, kan het niet onderhouden van een noodfonds leiden tot meer financiële stress en instabiliteit. Zonder vangnet voelt u mogelijk meer druk om overhaaste financiële beslissingen te nemen, zoals het aangaan van leningen met een hoge rente of het verkopen van beleggingen op een ongelegen moment. Deze stress kan van invloed zijn op uw algehele financiële gezondheid en het moeilijker maken om uw pensioendoelen te bereiken.

Een ander belangrijk punt is dat noodgevallen vaak onmiddellijke actie vereisen, en dat toegang tot direct beschikbare fondsen essentieel is. Als u geen noodfonds hebt, moet u mogelijk snel geld zoeken, wat mogelijk leidt tot slechte financiële beslissingen of vertragingen bij het aanpakken van urgente problemen. Een noodfonds zorgt ervoor dat u de liquiditeit hebt om onverwachte uitgaven te verwerken zonder uw financiële plan te verstoren.

Het opbouwen en onderhouden van een noodfonds is met name belangrijk voor gepensioneerden, omdat zij te maken kunnen krijgen met grotere financiële risico's vanwege leeftijdsgerelateerde problemen en vaste inkomens. Noodgevallen in de gezondheidszorg, onverwachte reparaties aan het huis of andere dringende behoeften kunnen vaker voorkomen naarmate u ouder wordt. Met een noodfonds kunt u deze behoeften aanpakken zonder dat dit gevolgen heeft voor uw pensioenspaargeld of levensstijl.

Om een robuust noodfonds op te zetten, kunt u overwegen om een deel van uw inkomen speciaal voor dit doel opzij te zetten. Financiële experts raden doorgaans aan om drie tot zes maanden aan leefkosten op een gemakkelijk toegankelijke rekening te zetten, zoals een spaarrekening of geldmarktfonds. Dit bedrag kan variëren, afhankelijk van uw persoonlijke omstandigheden en het niveau van financiële zekerheid dat u wenst. Voor gepensioneerden kan het verstandig zijn om een grotere reserve aan te houden om rekening te houden met mogelijke noodgevallen en schommelingen in inkomsten.

Het creëren en onderhouden van een noodfonds vereist discipline en planning. Begin met het beoordelen van uw huidige financiële situatie en bepaal hoeveel u moet sparen. Zet regelmatig een deel van uw inkomen opzij om uw noodfonds geleidelijk op te bouwen. Door uw bijdragen te automatiseren, kunt u dit proces beter beheersbaar maken en ervoor zorgen dat u consequent aan uw fonds toevoegt.

Naast het opbouwen van een noodfonds is het belangrijk om regelmatig het bedrag dat u hebt gespaard te bekijken en aan te passen. Naarmate uw financiële situatie of uitgaven veranderen, moet u mogelijk uw noodfonds verhogen of aanpassen om voldoende dekking te behouden. Regelmatig uw fonds opnieuw beoordelen zorgt ervoor dat u voorbereid bent op onvoorziene omstandigheden en dat uw financiële vangnet effectief blijft.

Concluderend is het niet hebben van een noodfonds een belangrijke omissie in de pensioenplanning die uw financiële stabiliteit en langetermijndoelen in gevaar kan brengen. Een noodfonds biedt een cruciale buffer tegen onverwachte uitgaven en helpt voorkomen dat u voortijdig uit uw pensioenspaargeld moet putten. Door een noodfonds op te zetten en te onderhouden, kunt u uw financiële zekerheid beschermen, stress verminderen en ervoor zorgen dat u voorbereid bent op onvoorziene uitdagingen zonder uw pensioenplannen in gevaar te brengen.

Het verwaarlozen van de rekening met de levensduur

Het verwaarlozen van de levensverwachting is een kritieke omissie in de pensioenplanning die ernstige gevolgen kan hebben voor uw financiële zekerheid op de lange termijn. Nu de levensverwachting wereldwijd blijft stijgen, is de kans om tot ver in de 80 of 90 te leven steeds normaler geworden. Het niet plannen van een langer dan verwachte levensduur kan ertoe leiden dat u uw spaargeld overleeft, wat leidt tot financiële instabiliteit en een verminderde kwaliteit van leven in uw latere jaren.

Een van de belangrijkste risico's die samenhangen met het niet in acht nemen van de levensduur is de mogelijke uitputting van uw pensioenfondsen. Veel mensen plannen hun pensioensparen op basis van een gemiddelde levensverwachting, ervan uitgaande dat ze fondsen nodig hebben voor een bepaald aantal jaren. Als u echter langer leeft dan verwacht, kan het zijn dat u uw spaargeld al voor het einde van uw leven hebt uitgeput. Dit kan leiden tot financiële problemen, waardoor u gedwongen wordt uw levensstandaard te verlagen, extra inkomstenbronnen te zoeken of afhankelijk te zijn van familieleden voor steun.

Het risico op een lang leven is met name groot voor gepensioneerden die geen gegarandeerde inkomstenbronnen hebben, zoals pensioenen of lijfrentes. Zonder deze bronnen is uw pensioeninkomen afhankelijk van de levensduur van uw spaargeld en beleggingen. Als uw fondsen uitgeput zijn, kunt u voor uitdagingen komen te staan bij het dekken van essentiële uitgaven zoals huisvesting, gezondheidszorg en dagelijkse kosten. Een goede planning is essentieel om ervoor te zorgen dat uw spaargeld uw hele pensioen meegaat, ongeacht hoe lang u leeft.

Een andere factor om te overwegen is de impact van inflatie op uw pensioensparen. Na verloop van tijd erodeert inflatie de koopkracht van uw geld, wat betekent dat de kosten van levensonderhoud stijgen, zelfs als uw spaargeld hetzelfde blijft. Als u niet plant voor een lang leven, houdt u mogelijk geen rekening met de samengestelde effecten van inflatie op uw uitgaven op de lange termijn. Als gevolg hiervan reiken uw spaargelden mogelijk niet zo ver als u had verwacht, wat het risico op geldgebrek nog verder vergroot.

Gezondheidszorgkosten spelen ook een belangrijke rol bij de planning van de levensduur. Naarmate u ouder wordt, zullen uw behoeften aan gezondheidszorg en kosten waarschijnlijk toenemen. Als u geen rekening houdt met de levensduur, onderschat u mogelijk de potentiële kosten voor gezondheidszorg die zich in latere jaren kunnen voordoen. Deze kosten kunnen aanzienlijk zijn, inclusief kosten voor medicijnen, behandelingen en langdurige zorg. Als u geen rekening houdt met deze potentiële kosten, kan dit uw financiën onder druk zetten en uw kwaliteit van leven verminderen.

Om het risico te ondervangen dat u uw spaargeld overleeft, is het belangrijk om strategieën in uw pensioenplan op te nemen die rekening houden met de levensduur. Eén aanpak is om een conservatieve spaarstrategie te hanteren, wat inhoudt dat u meer spaart dan u in eerste instantie denkt dat nodig is. Door uw behoeften te overschatten en dienovereenkomstig te sparen, kunt u een groter financieel vangnet creëren dat meer zekerheid biedt in het geval van een langer dan verwacht pensioen.

Een andere strategie is om uw inkomstenbronnen te diversifiëren met opties die gegarandeerd of stabiel inkomen bieden gedurende uw pensioen. Lijfrentes kunnen bijvoorbeeld een voorspelbare inkomstenstroom bieden voor een bepaalde periode of voor de rest van uw leven, wat helpt het risico te verkleinen dat u uw spaargeld overleeft. Evenzo kan het diversifiëren van investeringen met inkomsten genererende activa, zoals dividendbetalende aandelen of huurwoningen, extra inkomstenbronnen opleveren.

Regelmatig uw pensioenplan herzien en aanpassen is ook cruciaal voor het aanpakken van het risico op een lang leven. Naarmate u dichter bij uw pensioen komt en uw pensioenjaren vordert, is het belangrijk om uw financiële situatie opnieuw te beoordelen, uw projecties bij te werken en uw strategie indien nodig aan te passen. Deze voortdurende evaluatie helpt ervoor te zorgen dat uw pensioenplan in lijn blijft met uw veranderende behoeften en omstandigheden.

Plannen voor een lang leven houdt ook in dat u rekening houdt met mogelijke veranderingen in uw levensstijl en uitgaven in de loop van de tijd. Naarmate u ouder wordt, kunnen uw uitgavenpatronen veranderen en kunnen uw behoeften evolueren. Het is essentieel om rekening te houden met deze veranderingen in uw pensioenplan en uw spaar- en beleggingsstrategieën dienovereenkomstig aan te passen. U moet bijvoorbeeld mogelijk rekening houden met hogere kosten voor gezondheidszorg, mogelijke aanpassingen aan uw huis of veranderingen in uw reis- en vrijetijdsactiviteiten.

Ten slotte kan het nuttig zijn om professioneel financieel advies in te winnen bij het aanpakken van het risico op een lang leven. Een financieel adviseur kan u helpen een uitgebreid pensioenplan te ontwikkelen dat rekening houdt met uw levensverwachting, inflatie, kosten voor gezondheidszorg en andere factoren. Zij kunnen u adviseren over hoe u uw beleggingen kunt structureren, uw inkomstenbronnen kunt optimaliseren en uw plan kunt aanpassen om ervoor te zorgen dat u voldoende middelen hebt voor een langer pensioen.

Samenvattend is het verwaarlozen van rekening houden met de levensduur een ernstige fout bij de pensioenplanning die kan leiden tot financiële problemen en een verminderde kwaliteit van leven. Door de risico's te herkennen die gepaard gaan met langer leven dan verwacht en strategieën te implementeren om deze risico's te beperken, kunt u zich beter voorbereiden op een veilig en comfortabel pensioen. Het aannemen van een conservatieve spaaraanpak, het diversifiëren van inkomstenbronnen, het regelmatig herzien van uw plan en het inwinnen van professioneel advies zijn essentiële stappen om het risico van de levensduur aan te pakken en ervoor te zorgen dat uw pensioensparen uw hele leven meegaan.

Verkeerde berekening van de pensioenleeftijd

Het verkeerd berekenen van uw pensioenleeftijd is een belangrijke fout die grote gevolgen kan hebben voor uw financiële stabiliteit en algehele pensioenplanning. De pensioenleeftijd die u kiest, kan van invloed zijn op hoeveel u moet sparen, de timing van uw opnames en uw vermogen om te genieten van de pensioenlevensstijl die u voor ogen heeft. Een verkeerde berekening kan leiden tot financiële druk, onverwachte aanpassingen aan uw plannen of zelfs de noodzaak om langer te werken dan verwacht.

Een van de belangrijkste risico's die samenhangen met het verkeerd berekenen van uw pensioenleeftijd is het potentiële tekort aan spaargeld. Als u van plan bent om eerder met pensioen te gaan dan u zich kunt veroorloven, kan het zijn dat u onvoldoende geld heeft om uw levensonderhoud te dekken voor de duur van uw pensioen. Dit tekort kan het gevolg zijn van verschillende factoren, zoals het onderschatten van hoe lang u zult leven, het verkeerd inschatten van uw toekomstige uitgaven of het niet in acht nemen van de impact van inflatie en kosten voor gezondheidszorg. Zonder voldoende spaargeld kunt u gedwongen worden om uw levensstandaard te verlagen, uw pensioen uit te stellen of op zoek te gaan naar extra inkomstenbronnen.

Omgekeerd kan het uitstellen van pensionering ook uitdagingen opleveren. Hoewel langer werken extra inkomsten kan opleveren en meer tijd kan bieden om te sparen, kan het ook gevolgen hebben voor uw levensstijl en welzijn. De beslissing om langer door te werken dan uw geplande pensioenleeftijd kan worden ingegeven door financiële noodzaak, maar het kan ook van invloed zijn op uw kwaliteit van leven, gezondheid en persoonlijke doelen. Het verkeerd inschatten van uw pensioenleeftijd en uzelf in een positie bevinden waarin u niet met pensioen kunt gaan zoals gepland, kan leiden tot stress en frustratie, wat van invloed is op uw algehele pensioenervaring.

Een nauwkeurige beoordeling van uw pensioenleeftijd vereist een grondig begrip van uw financiële situatie, levensstijldoelen en gezondheidsaspecten. Veel mensen baseren hun pensioenleeftijd op algemene aannames of externe factoren, zoals geschiktheid voor overheidsuitkeringen of pensioenplannen, zonder volledig rekening te houden met hun unieke omstandigheden. Deze aanpak kan leiden tot verkeerde berekeningen als uw werkelijke behoeften en middelen afwijken van deze aannames.

Om te voorkomen dat u uw pensioenleeftijd verkeerd inschat, is het essentieel om een alomvattende benadering van pensioenplanning te hanteren. Begin met het evalueren van uw huidige financiële situatie, inclusief uw spaargeld, investeringen, inkomstenbronnen en uitgaven. Houd rekening met factoren zoals uw gewenste pensioenlevensstijl, mogelijke kosten voor gezondheidszorg en eventuele openstaande schulden of verplichtingen. Deze beoordeling helpt u bij het bepalen van een realistische pensioenleeftijd die aansluit bij uw financiële doelen en behoeften.

Het is ook belangrijk om rekening te houden met uw levensverwachting bij het plannen van uw pensioenleeftijd. Hoewel het lastig is om te voorspellen hoe lang u zult leven, kan het gebruik van gemiddelde levensverwachtingsgegevens en het overwegen van uw persoonlijke medische geschiedenis een nauwkeurigere schatting opleveren. Plannen voor een langer pensioen zorgt ervoor dat u voldoende geld heeft om uw uitgaven te dekken gedurende uw latere jaren.

Door flexibiliteit in uw pensioenplan op te nemen, kunt u mogelijke misrekeningen aanpakken. In plaats van een vaste pensioenleeftijd in te stellen, kunt u overwegen om een reeks pensioenleeftijden of scenario's te ontwikkelen op basis van verschillende financiële uitkomsten. Deze flexibiliteit stelt u in staat om uw plannen aan te passen als uw omstandigheden veranderen, zoals onverwachte gezondheidsproblemen of verschuivingen in uw financiële situatie. Door alternatieve plannen te hebben, kunt u de onzekerheid van uw pensioenplanning beheren en het risico op financiële problemen verkleinen.

Regelmatig uw pensioenplan herzien en aanpassen is een andere belangrijke strategie om verkeerde berekeningen te voorkomen. Naarmate u dichter bij uw pensioen komt, beoordeelt u uw voortgang richting uw financiële doelen en brengt u de nodige aanpassingen aan in uw spaargeld, investeringen of pensioenleeftijd. Periodieke beoordelingen helpen ervoor te zorgen dat uw plan in lijn blijft met uw veranderende behoeften en omstandigheden, zodat u weloverwogen beslissingen kunt nemen over uw pensioen.

Het zoeken naar professioneel financieel advies kan ook nuttig zijn bij het aanpakken van de complexiteit van pensioenplanning. Een financieel adviseur kan u helpen bij het ontwikkelen van een uitgebreid pensioenplan dat rekening houdt met uw specifieke doelen, middelen en risico's. Zij kunnen u begeleiden bij het optimaliseren van uw spaargeld, het beheren van investeringen en het bepalen van een geschikte pensioenleeftijd op basis van uw individuele situatie.

Samenvattend kan het verkeerd berekenen van uw pensioenleeftijd aanzienlijke gevolgen hebben voor uw financiële stabiliteit en pensioenervaring. Door uw financiële situatie grondig te evalueren, rekening te houden met uw levensverwachting, flexibiliteit in uw plan op te nemen en professioneel advies in te winnen, kunt u de risico's die gepaard gaan met verkeerde berekeningen vermijden en een veiliger en plezieriger pensioen garanderen. Nauwkeurige planning en regelmatige aanpassingen helpen u uw pensioendoelen te bereiken en te genieten van de levensstijl die u voor ogen heeft voor uw latere jaren.

Pensioenplannen van werkgevers over het hoofd zien

Het negeren van pensioenregelingen van werkgevers is een kritieke omissie in pensioenplanning die kan resulteren in gemiste kansen om een veiligere financiële toekomst op te bouwen. Veel individuen slagen er niet in om volledig gebruik te maken van door werkgevers gesponsorde pensioenregelingen, zoals bedrijfspensioenregelingen of defined contribution-plannen, hetzij vanwege een gebrek aan bewustzijn of misverstand van hun voordelen. Deze omissie kan leiden tot suboptimale pensioenspaarplannen en gemiste voordelen die deze plannen bieden.

Pensioenregelingen van werkgevers bieden vaak verschillende belangrijke voordelen die uw pensioensparen aanzienlijk kunnen vergroten. Een van de belangrijkste voordelen is de mogelijkheid van werkgeversbijdragen. Veel werkgevers bieden matching contributions aan, waarbij ze een deel van de bijdragen van de werknemer aan het pensioenplan matchen tot een bepaald limiet. Deze matching contribution is in feite gratis geld dat het bedrag dat u spaart voor uw pensioen aanzienlijk kan verhogen. Door niet volledig of helemaal niet deel te nemen, mist u deze extra bijdragen, die anders uw pensioenfonds in de loop van de tijd aanzienlijk zouden kunnen vergroten.

Een ander voordeel van pensioenregelingen van werkgevers is de potentiële belastingvoordelen. In veel gevallen worden bijdragen aan door werkgevers gesponsorde pensioenregelingen gedaan op een pre-tax basis, wat betekent dat ze uw belastbare inkomen voor het jaar waarin ze worden gedaan, verlagen. Dit kan uw huidige belastingaanslag verlagen en ervoor zorgen dat meer van uw inkomen naar pensioensparen kan worden geleid. Bovendien is de beleggingsgroei binnen deze plannen vaak belastinguitgesteld, wat betekent dat u geen belasting betaalt over de inkomsten totdat u de fondsen opneemt tijdens uw pensioen. Als u dit voordeel over het hoofd ziet, mist u de potentiële belastingbesparingen en groeivoordelen die deze plannen bieden.

Pensioenregelingen van werkgevers worden vaak geleverd met professioneel beheerde beleggingsopties die u kunnen helpen een gediversifieerde portefeuille op te bouwen. Deze plannen bieden doorgaans een scala aan beleggingskeuzes, waaronder aandelen, obligaties en beleggingsfondsen, beheerd door professionals die u kunnen helpen uw beleggingsstrategie te optimaliseren. Door deel te nemen aan deze plannen krijgt u toegang tot beleggingsexpertise en -bronnen die mogelijk niet beschikbaar zijn via individuele pensioenrekeningen of zelfbeheerde beleggingen. Als u deze opties niet benut, kan dit resulteren in een minder gediversifieerde beleggingsstrategie en mogelijk lagere rendementen.

Bovendien kunnen pensioenregelingen van werkgevers functies bieden zoals automatische inschrijving en automatische escalatie. Automatische inschrijving betekent dat u standaard bent ingeschreven voor het plan wanneer u in aanmerking komt en dat de bijdragen automatisch van uw salaris worden afgetrokken. Automatische escalatie verhoogt uw bijdragepercentage geleidelijk in de loop van de tijd, waardoor u meer kunt sparen naarmate u dichter bij uw pensioen komt. Deze functies kunnen het spaarproces vereenvoudigen en u helpen geleidelijk een substantiëler pensioenfonds op te bouwen. Als u deze functies over het hoofd ziet, mist u handige manieren om uw spaargeld te vergroten.

Het is ook belangrijk om de lange termijn impact te overwegen van het niet deelnemen aan pensioenplannen van werkgevers. Het missen van werkgeversbijdragen en belastingvoordelen kan resulteren in een kleiner pensioenfonds, waardoor u meer uit eigen middelen moet sparen of langer moet werken om uw pensioendoelen te bereiken. Dit kan uw levenskwaliteit tijdens uw pensioen beïnvloeden en uw vermogen beperken om te genieten van de levensstijl die u voor ogen heeft.

Om ervoor te zorgen dat u volledig profiteert van het pensioenplan van uw werkgever, begint u met het begrijpen van de details van het plan dat uw werkgever aanbiedt. Bekijk de plandocumenten, inclusief de bijdragelimieten, matchingbeleid en beleggingsopties. Zorg ervoor dat u op de hoogte bent van eventuele deadlines voor inschrijving of wijzigingen in uw bijdragen.

Als uw werkgever een matching contribution aanbiedt, streef er dan naar om ten minste genoeg bij te dragen om de volledige match te ontvangen. Dit maximaliseert het voordeel dat u uit het plan ontvangt en maakt optimaal gebruik van de extra besparingen die uw werkgever biedt. Controleer en pas uw bijdragen regelmatig aan indien nodig, vooral als u salarisverhogingen of veranderingen in uw financiële situatie ontvangt.

Overweeg om advies te vragen aan een financieel adviseur om u te helpen het maximale uit uw pensioenplan van uw werkgever te halen. Een adviseur kan u helpen de kenmerken van het plan te begrijpen, uw beleggingsstrategie te optimaliseren en het te integreren in uw algehele pensioenplan. Ze kunnen u ook helpen weloverwogen beslissingen te nemen over het verhogen van bijdragen, het beheren van beleggingen en het plannen van uw pensioendoelen.

Samenvattend kan het negeren van pensioenregelingen van werkgevers leiden tot gemiste kansen om uw pensioensparen te vergroten en uw financiële toekomst veilig te stellen. Door volledig deel te nemen aan deze plannen, te profiteren van werkgeversbijdragen en belastingvoordelen en gebruik te maken van beschikbare beleggingsopties, kunt u een robuuster pensioenfonds opbouwen. Inzicht in de kenmerken van het plan van uw werkgever, het instellen van geschikte bijdrageniveaus en het inwinnen van professioneel advies kunnen u helpen de voordelen van door de werkgever gesponsorde pensioenregelingen te maximaliseren en een veiliger en comfortabeler pensioen te bereiken.

Geen professioneel financieel advies zoeken

Het nalaten om professioneel financieel advies in te winnen is een veelgemaakte fout bij pensioenplanning die kan leiden tot suboptimale financiële resultaten en gemiste kansen. Financiële planning is een complex vakgebied, met investeringsstrategieën, belastingoverwegingen, estate planning en verschillende andere factoren die een aanzienlijke impact kunnen hebben op uw pensioenzekerheid. Door geen financieel adviseur te raadplegen, kunt u kritieke aspecten van uw financiële strategie over het hoofd zien, wat kan leiden tot potentiële risico's en inefficiënties.

Een van de belangrijkste voordelen van het zoeken naar professioneel financieel advies is de expertise die financiële adviseurs inbrengen bij pensioenplanning. Adviseurs zijn getraind om de complexiteit van financiële markten, beleggingsproducten, belastingwetten en pensioenstrategieën te begrijpen. Ze kunnen waardevolle inzichten en aanbevelingen bieden op basis van hun kennis en ervaring, en u helpen bij het navigeren door complexe beslissingen en het ontwikkelen van een uitgebreid pensioenplan dat aansluit bij uw doelen en omstandigheden.

Professionele adviseurs kunnen u helpen een gepersonaliseerd pensioenplan te maken dat aansluit bij uw specifieke behoeften, inclusief het bepalen van de optimale spaarquote, beleggingsstrategie en opnameplan. Ze kunnen u helpen bij het stellen van realistische pensioendoelen, het schatten van toekomstige uitgaven en het projecteren van de impact van verschillende scenario's op uw financiële zekerheid. Zonder deze begeleiding kunt u beslissingen nemen op basis van onvolledige informatie of verouderde aannames, wat uw pensioengereedheid mogelijk in gevaar brengt.

Een ander voordeel van het zoeken naar professioneel advies is de mogelijkheid om objectieve, onpartijdige aanbevelingen te ontvangen. Financiële adviseurs zijn doorgaans fiduciairs, wat betekent dat ze wettelijk verplicht zijn om in uw beste belang te handelen. Dit objectieve perspectief kan vooral waardevol zijn bij het evalueren van beleggingsopties, het selecteren van pensioenrekeningen of het nemen van beslissingen over vermogensallocatie. Adviseurs kunnen u helpen belangenconflicten te vermijden en ervoor zorgen dat uw financiële beslissingen in lijn zijn met uw doelstellingen op de lange termijn.

Belastingplanning is een ander belangrijk gebied waar professioneel advies een groot verschil kan maken. Financiële adviseurs kunnen u helpen navigeren door de complexiteit van belastingwetten en strategieën identificeren om uw belastingaanslag te minimaliseren. Ze kunnen u adviseren over belastingefficiënte beleggingsopties, opnamestrategieën en de impact van belastingen op uw pensioeninkomen. Goede belastingplanning kan uw algehele financiële efficiëntie verbeteren en u helpen meer van uw pensioenspaargeld te behouden.

Estate planning is een ander belangrijk aspect van pensioenvoorbereiding dat baat heeft bij professioneel advies. Adviseurs kunnen helpen bij het maken van een estate plan dat uw wensen voor vermogensverdeling aanpakt, successierechten minimaliseert en ervoor zorgt dat uw begunstigden worden verzorgd volgens uw voorkeuren. Zonder goede estate planning loopt u het risico onopgeloste problemen achter te laten die kunnen leiden tot juridische complicaties of onbedoelde uitkomsten voor uw erfgenamen.

Daarnaast kunnen financiële adviseurs ondersteuning bieden bij het beheren van marktvolatiliteit en het aanpassen van uw beleggingsstrategie in reactie op veranderende economische omstandigheden. Ze kunnen u helpen een gedisciplineerde benadering van beleggen te behouden, emotionele besluitvorming te vermijden en gefocust te blijven op uw lange termijn doelen. Deze voortdurende ondersteuning kan cruciaal zijn bij het navigeren door periodes van markt onzekerheid en ervoor zorgen dat uw pensioenplan op koers blijft.

Als u geen professioneel financieel advies inwint, kunt u ook kansen missen om uw pensioenstrategie te optimaliseren. Adviseurs kunnen u helpen bij het identificeren en benutten van investeringsmogelijkheden, overheidsuitkeringen en financiële producten waarvan u zich mogelijk niet bewust bent. Ze kunnen u ook helpen bij het nemen van weloverwogen beslissingen over verzekeringen, pensioenrekeningen en andere financiële zaken die van invloed zijn op uw pensioengereedheid.

Om optimaal te profiteren van professioneel financieel advies, begint u met het selecteren van een gekwalificeerde en gerenommeerde adviseur. Zoek naar adviseurs met relevante certificeringen, zoals Certified Financial Planners (CFP's), en zorg ervoor dat ze ervaring hebben met pensioenplanning. Doe grondig onderzoek, lees recensies van klanten en overweeg een eerste consult in te plannen om te beoordelen of de aanpak van de adviseur aansluit bij uw behoeften en doelen.

Zodra u een adviseur hebt gekozen, werkt u samen om een uitgebreid pensioenplan te ontwikkelen. Geef hen gedetailleerde informatie over uw financiële situatie, doelen en zorgen. Sta open voor hun aanbevelingen en wees bereid om uw strategie aan te passen op basis van hun expertise. Bekijk uw plan regelmatig met uw adviseur om indien nodig aanpassingen te doen en blijf op de hoogte van eventuele veranderingen in uw financiële situatie of pensioendoelen.

Samenvattend is het niet zoeken naar professioneel financieel advies een belangrijke omissie die van invloed kan zijn op uw pensioenplanning en financiële zekerheid. Door een gekwalificeerde financieel adviseur te raadplegen, kunt u profiteren van hun expertise, objectieve aanbevelingen ontvangen en complexe financiële zaken aanpakken, zoals belastingplanning en estate planning. Professioneel advies kan u helpen een uitgebreide pensioenstrategie te ontwikkelen, uw investeringen te optimaliseren en financiële uitdagingen aan te gaan, wat uiteindelijk uw vermogen vergroot om een veilig en bevredigend pensioen te bereiken.

Het niet beheren van schulden vóór pensionering

Het niet effectief beheren van schulden vóór pensionering is een kritieke fout die uw financiële zekerheid en pensioenplannen kan ondermijnen. Schulden kunnen, als ze niet goed worden beheerd, uw spaargeld uithollen, uw financiële flexibiliteit beperken en uw algehele levenskwaliteit tijdens uw pensioen beïnvloeden. Het aanpakken en beheren van schulden vóór pensionering is cruciaal om ervoor te zorgen dat u met een stabiele financiële basis en een duidelijk pad naar het bereiken van uw pensioendoelen met pensioen kunt gaan.

Een van de grootste risico's van het meedragen van aanzienlijke schulden tijdens uw pensioen is de druk die het legt op uw pensioeninkomen. Tijdens uw pensioen zijn uw primaire inkomstenbronnen doorgaans vast, zoals pensioenen, spaargeld of sociale zekerheid. Hoge schuldenniveaus kunnen een aanzienlijk deel van dit inkomen opslokken, waardoor u minder geld overhoudt voor essentiële uitgaven en discretionaire uitgaven. Dit kan leiden tot een verminderde kwaliteit van leven, financiële stress en de noodzaak om moeilijke aanpassingen in uw levensstijl te maken.

Schuldbeheer heeft ook invloed op uw vermogen om effectief te sparen voor uw pensioen. Het hebben van grote schulden vereist vaak aanzienlijke maandelijkse betalingen, wat uw vermogen om bij te dragen aan pensioensparen of beleggingsrekeningen kan beperken. Dit kan resulteren in een kleiner pensioenfonds en mogelijk uw vermogen om comfortabel met pensioen te gaan vertragen. Het goed beheren en verminderen van schulden kan middelen vrijmaken die kunnen worden omgeleid naar besparingen, waardoor u een robuuster pensioenfonds kunt opbouwen.

Rentebetalingen op schulden kunnen bijzonder belastend zijn en een aanzienlijke impact hebben op uw financiën. Schulden met een hoge rente, zoals creditcardsaldi of persoonlijke leningen, kunnen zich snel ophopen, waardoor het totale bedrag dat u verschuldigd bent toeneemt en uw financiële flexibiliteit afneemt. Hoe langer u deze schuld draagt, hoe meer rente u betaalt, wat uw middelen verder kan uitputten en uw pensioensparen kan beïnvloeden. Het verminderen of elimineren van schulden met een hoge rente vóór uw pensionering kan helpen deze kosten te minimaliseren en uw algehele financiële gezondheid te verbeteren.

Effectief omgaan met schulden draagt ook bij aan het behouden van een goede kredietscore. Een hoge kredietscore is belangrijk voor het verkrijgen van gunstige voorwaarden voor leningen, hypotheken en andere financiële producten. Met een goede kredietscore met pensioen gaan, kan het gemakkelijker maken om krediet te krijgen als dat nodig is, mogelijk tegen gunstigere tarieven. Omgekeerd kan het hebben van aanzienlijke schulden en het missen van betalingen een negatieve invloed hebben op uw kredietscore, waardoor het moeilijker wordt om in de toekomst krediet of financiële hulp te krijgen.

Om schulden effectief te beheren vóór uw pensioen, begint u met het beoordelen van uw huidige schuldensituatie. Maak een lijst van al uw schulden, inclusief openstaande saldi, rentepercentages en maandelijkse betalingen. Inzicht in de omvang van uw schulden helpt u een strategie voor terugbetaling te ontwikkelen en prioriteiten te stellen voor welke schulden u als eerste aanpakt.

Overweeg om u te richten op het afbetalen van schulden met een hoge rente als prioriteit. Schulden met een hoge rente, zoals creditcardsaldi, kunnen zich snel ophopen en in de loop van de tijd duurder worden. Door deze schulden eerst af te betalen, kunt u het totale bedrag aan rente dat u betaalt verlagen en uw financiële situatie sneller verbeteren. Gebruik strategieën zoals de schuldenlawinemethode, waarbij u eerst de schulden met de hoogste rentetarieven afbetaalt, of de schuldensneeuwbalmethode, waarbij u zich richt op het afbetalen van de kleinste schulden voor een gevoel van voldoening.

Het maken van een budget en financieel plan kan u ook helpen om schulden effectief te beheren. Met een budget kunt u uw inkomsten en uitgaven bijhouden, gebieden identificeren waar u kunt bezuinigen en extra fondsen toewijzen aan schuldaflossing. Door consequent een budget te volgen en regelmatig betalingen te doen voor uw schulden, kunt u het aflossingsproces versnellen en uw financiële stabiliteit verbeteren.

Als u het lastig vindt om zelf uw schulden te beheren, overweeg dan om hulp te zoeken bij een financieel adviseur of kredietconsulent. Deze professionals kunnen u helpen bij het ontwikkelen van een schuldenbeheerplan, onderhandelen met schuldeisers en u begeleiden bij strategieën om uw financiële situatie te verbeteren. Ze kunnen u ook advies geven over hoe u de aflossing van schulden in evenwicht kunt brengen met sparen voor uw pensioen, zodat u vooruitgang boekt richting beide doelen.

Samenvattend kan het niet effectief beheren van schulden vóór pensionering aanzienlijke gevolgen hebben voor uw financiële zekerheid en kwaliteit van leven. Door schulden aan te pakken en te verminderen, prioriteit te geven aan verplichtingen met een hoge rente, een budget op te stellen en indien nodig professionele hulp te zoeken, kunt u uw financiële stabiliteit verbeteren en met een sterkere basis met pensioen gaan. Effectief beheer van schulden stelt u in staat meer middelen toe te wijzen aan besparingen, financiële stress te verminderen en uw algehele pensioenervaring te verbeteren.

Niet begrijpen van pensioenuitbetaling opties

Als u de opties voor pensioenuitkeringen niet begrijpt, kan dat een aanzienlijke impact hebben op uw pensioenzekerheid en financiële welzijn. Pensioenen zijn ontworpen om een stabiele inkomstenstroom te bieden tijdens uw pensioen, maar de manier waarop u ervoor kiest om die voordelen te ontvangen, kan op de lange termijn gevolgen hebben voor uw financiële stabiliteit en kwaliteit van leven. Zonder een duidelijk begrip van de verschillende beschikbare opties voor uitkeringen, kunt u beslissingen nemen die uw inkomen kunnen beperken, uw flexibiliteit kunnen verminderen of uw vermogen om uw pensioendoelen te bereiken kunnen beïnvloeden.

Wanneer u met pensioen gaat, bieden pensioenplannen doorgaans verschillende uitbetalingsopties, elk met verschillende kenmerken en voordelen. Veelvoorkomende opties zijn een lijfrente voor één leven, een lijfrente voor één leven en een lijfrente voor één leven, en een eenmalige uitkering. Elke optie heeft zijn eigen voordelen en mogelijke nadelen, en het begrijpen van deze verschillen is cruciaal om een weloverwogen beslissing te nemen.

Een single-life annuity biedt een gegarandeerd maandelijks inkomen zolang u leeft, maar de betalingen stoppen bij uw overlijden. Deze optie kan een hogere maandelijkse uitkering bieden in vergelijking met andere keuzes, omdat het geen rekening houdt met de mogelijkheid om inkomsten te verstrekken aan een overlevende echtgenoot of begunstigde. Als u echter langer leeft dan verwacht, overleeft u mogelijk uw pensioenbetalingen en zijn er geen restvoordelen voor uw erfgenamen. Dit kan een aanzienlijk risico zijn als u een familiegeschiedenis van langlevendheid hebt of als u zich zorgen maakt over het voorzien in de behoeften van een overlevende echtgenoot.

Een gezamenlijke en overlevingsannuïteitoptie biedt doorlopende betalingen voor de rest van uw leven en blijft voordelen bieden aan een aangewezen begunstigde, zoals een echtgenoot, na uw overlijden. Deze optie resulteert doorgaans in lagere maandelijkse betalingen in vergelijking met een enkele lijfrente, omdat het rekening houdt met de mogelijkheid om voordelen te betalen voor twee levens. Het kiezen van deze optie kan gemoedsrust bieden, wetende dat uw echtgenoot inkomsten blijft ontvangen als u als eerste overlijdt. De verlaagde maandelijkse betalingen voldoen echter mogelijk niet volledig aan uw financiële behoeften als u uw verwachte levensduur overleeft.

Met een eenmalige uitkering ontvangt u de volledige waarde van uw pensioen in één keer. Deze optie biedt flexibiliteit, omdat u de fondsen kunt gebruiken zoals u wilt, ze kunt beleggen of ze kunt overboeken naar een andere pensioenrekening. Hoewel een eenmalige uitkering u controle geeft over uw geld, brengt het ook risico's met zich mee. Zonder goed beheer kan uw spaargeld te snel opraken of zijn de fondsen mogelijk niet voldoende om uw volledige pensioen te dekken. Bovendien vereist het beheren van een groot bedrag zorgvuldige planning en beleggingsstrategieën om ervoor te zorgen dat de fondsen gedurende uw hele pensioen meegaan.

Als u deze uitbetalingsopties niet begrijpt, kan dat ertoe leiden dat u een plan kiest dat niet aansluit bij uw pensioendoelen of financiële behoeften. Als u bijvoorbeeld een lijfrente voor één leven kiest terwijl u een partner hebt die afhankelijk is van uw inkomen, kan uw partner na uw overlijden zonder voldoende financiële ondersteuning komen te zitten. Omgekeerd kan het kiezen van een lijfrente voor één leven en een nabestaandenpensioen zonder rekening te houden met de impact op uw huidige financiële behoeften, leiden tot lagere maandelijkse betalingen die niet voldoen aan uw kosten voor levensonderhoud.

Het is essentieel om uw persoonlijke omstandigheden, waaronder uw gezondheid, gezinssituatie, financiële doelen en pensioenplannen, zorgvuldig te evalueren bij het beslissen over een pensioenuitbetalingsoptie. Houd rekening met factoren zoals uw verwachte levensduur, de behoefte aan partneralimentatie en uw comfort met het beheren van een eenmalige betaling. Denk daarnaast na over hoe elke optie past in uw algehele pensioenstrategie en hoe het uw financiële zekerheid op de lange termijn zal beïnvloeden.

Het zoeken naar professioneel financieel advies kan nuttig zijn bij het nemen van beslissingen over pensioenuitbetalingsopties. Een financieel adviseur kan u helpen uw behoeften te beoordelen, de verschillende uitbetalingsopties te vergelijken en de beste optie voor uw specifieke situatie te bepalen. Zij kunnen u adviseren over hoe u pensioeninkomsten kunt integreren met andere pensioenspaargelden en -investeringen, zodat u een uitgebreid plan hebt dat uw financiële doelen ondersteunt.

Concluderend kan het niet begrijpen van pensioenuitkeringsopties aanzienlijke gevolgen hebben voor uw pensioenzekerheid en financiële welzijn. Door de beschikbare opties grondig te evalueren, rekening te houden met uw persoonlijke omstandigheden en pensioendoelen en indien nodig professioneel advies in te winnen, kunt u weloverwogen beslissingen nemen die aansluiten bij uw behoeften en zorgen voor een stabiel inkomen gedurende uw pensioen. Het goed beheren van uw pensioenuitkeringen is cruciaal om ervoor te zorgen dat u financiële stabiliteit behoudt en een comfortabel en veilig pensioen bereikt.

Onjuiste toewijzing van beleggingen tijdens uw pensioen

Een onjuiste allocatie van beleggingen tijdens uw pensioen kan een ernstige impact hebben op uw financiële stabiliteit en uw vermogen om langetermijndoelen te bereiken belemmeren. Beleggingsallocatie houdt in dat u uw activa verdeelt over verschillende soorten beleggingen, zoals aandelen, obligaties en contanten, om risico en rendement in evenwicht te brengen. Tijdens uw pensioen zijn de inzetten bijzonder hoog, omdat u afhankelijk bent van deze beleggingen om uw levensonderhoud te financieren en uw levenskwaliteit gedurende mogelijk meerdere decennia te behouden. Misstappen op dit gebied kunnen leiden tot onvoldoende groei, buitensporig risico of onvoldoende liquiditeit, die elk uw pensioenzekerheid kunnen ondermijnen.

Een veelgemaakte fout is het handhaven van een te agressieve beleggingsstrategie. Veel gepensioneerden, beïnvloed door een verlangen naar hogere rendementen, kunnen zwaar blijven investeren in aandelen of andere risicovolle activa. Hoewel deze aanpak een aanzienlijk groeipotentieel kan bieden, stelt het uw portefeuille ook bloot aan aanzienlijke volatiliteit en het risico op aanzienlijke verliezen. Als er marktdalingen optreden, kan een sterk op aandelen gerichte portefeuille aanzienlijke dalingen ondergaan, waardoor uw pensioenspaargeld afneemt en uw financiële stabiliteit mogelijk in gevaar komt. Het is essentieel om uw vermogensallocatie aan te passen om een lagere risicobereidheid te weerspiegelen naarmate u de pensioengerechtigde leeftijd nadert of bereikt.

Omgekeerd is overdreven conservatief zijn met uw beleggingen een andere valkuil. Gepensioneerden die hun hele portefeuille verplaatsen naar beleggingen met een laag risico, zoals contant geld of kortetermijnobligaties, kunnen zichzelf beschermen tegen marktvolatiliteit, maar lopen het risico groeikansen te missen. Inflatie kan de koopkracht van contant geld en beleggingen met een laag rendement uithollen, wat betekent dat uw spaargeld mogelijk niet genoeg groeit om de stijgende kosten van levensonderhoud bij te benen. Onvoldoende groei kan resulteren in een tekort aan fondsen, vooral als u langer leeft dan verwacht of te maken krijgt met onvoorziene uitgaven.

Onjuiste allocatie houdt ook in dat u uw beleggingen niet effectief diversifieert. Diversificatie houdt in dat u uw beleggingen spreidt over verschillende activaklassen, sectoren en geografische regio's om het risico te beperken. Te veel vertrouwen op één type belegging, industrie of geografisch gebied kan uw kwetsbaarheid voor marktschommelingen vergroten. Als uw beleggingen bijvoorbeeld geconcentreerd zijn in een specifieke sector die een recessie doormaakt, kan uw hele portefeuille hieronder lijden. Een goed gediversifieerde portefeuille helpt risico's te beperken en biedt op de lange termijn een stabieler rendement.

Een ander probleem is het niet periodiek herbalanceren van uw portefeuille. Na verloop van tijd kan de oorspronkelijke vermogensallocatie scheef worden, omdat verschillende investeringen anders presteren. Als aandelen bijvoorbeeld goed presteren en obligaties niet, kan uw portefeuille te zwaar worden in aandelen. Regelmatig herbalanceren zorgt ervoor dat uw portefeuille in lijn blijft met uw risicobereidheid en beleggingsdoelen. Deze praktijk houdt in dat u uw holdings aanpast om de gewenste vermogensallocatie te behouden, wat helpt bij het beheren van risico's en het optimaliseren van rendementen.

Bovendien kan het niet in overweging nemen van de impact van vereiste minimumdistributies (RMD's) ook van invloed zijn op uw beleggingsstrategie. In veel landen moeten gepensioneerden een bepaald percentage van hun pensioensparen opnemen zodra ze een bepaalde leeftijd bereiken. Deze vereiste kan van invloed zijn op uw beleggingsbeslissingen, aangezien u ervoor moet zorgen dat uw portefeuille voldoende liquiditeit heeft om aan deze opnames te voldoen zonder de groei in gevaar te brengen. Een goede planning houdt in dat u uw beleggingen zo structureert dat ze voldoende cashflow bieden en toch groei realiseren.

Om deze valkuilen te vermijden, is het cruciaal om een goed doordachte beleggingsstrategie te ontwikkelen die aansluit bij uw pensioendoelen, risicobereidheid en tijdshorizon. Begin met het beoordelen van uw financiële situatie, inclusief uw pensioenuitgaven, inkomstenbronnen en algemene financiële doelen. Creëer op basis van deze beoordeling een vermogensallocatieplan dat risico en rendement in evenwicht brengt op een manier die past bij uw behoeften. Dit plan moet rekening houden met factoren zoals uw verwachte levensduur, beleggingshorizon en persoonlijke risicobereidheid.

Regelmatig uw beleggingsstrategie herzien en aanpassen is essentieel voor het behouden van financiële stabiliteit tijdens uw pensioen. Houd de prestaties van uw portefeuille in de gaten, beoordeel of uw vermogensallocatie nog steeds passend is en voer indien nodig aanpassingen door. Periodieke beoordelingen zorgen ervoor dat uw beleggingen blijven aansluiten bij uw doelen en zich aanpassen aan veranderende marktomstandigheden of persoonlijke omstandigheden.

Overleg met een financieel adviseur kan extra ondersteuning bieden bij het beheren van uw beleggingsallocatie. Adviseurs kunnen expertise bieden bij het creëren van een gediversifieerde beleggingsstrategie, het selecteren van geschikte activa en het implementeren van een herverdelingsplan. Ze kunnen u ook helpen bij het navigeren door complexe beslissingen met betrekking tot pensioenplanning en beleggingsbeheer.

Samenvattend kan het verkeerd alloceren van beleggingen tijdens uw pensioen uw financiële stabiliteit in gevaar brengen en uw vermogen om uw pensioendoelen te bereiken belemmeren. Door een evenwichtige benadering van risico en rendement te hanteren, uw beleggingen te diversifiëren, uw portefeuille regelmatig opnieuw in evenwicht te brengen en rekening te houden met factoren zoals vereiste minimale distributies, kunt u uw financiële zekerheid vergroten. Effectief beleggingsbeheer is cruciaal om een stabiel en veilig pensioen te garanderen, zodat u met vertrouwen en gemoedsrust van uw latere jaren kunt genieten.

Verzuimen om te plannen voor partner- en nabestaandenuitkeringen

Het verwaarlozen van het plannen van partner- en nabestaandenvoordelen kan aanzienlijke gevolgen hebben voor zowel u als uw dierbaren tijdens uw pensioen. Deze voordelen zijn ontworpen om financiële steun te bieden aan een echtgenoot of afhankelijke na uw overlijden, en het niet adequaat plannen hiervan kan uw familie in een kwetsbare positie achterlaten. Een goede planning zorgt ervoor dat zowel u als uw echtgenoot financiële zekerheid kunnen genieten tijdens uw pensioen en dat uw dierbaren goed worden ondersteund in het geval van uw overlijden.

Echtgenootuitkeringen zijn een cruciaal onderdeel van pensioenplanning, met name als een van de echtgenoten een aanzienlijk hoger inkomen of pensioenspaargeld heeft dan de ander. In veel pensioenplannen en pensioenrekeningen heeft de overlevende echtgenoot recht op een deel van de uitkeringen van de overledene. Zonder goede planning bestaat het risico dat de overlevende echtgenoot financiële problemen krijgt vanwege ontoereikende uitkeringen of onvoldoende spaargeld. Het is essentieel om de details van hoe deze uitkeringen werken te begrijpen, inclusief het percentage uitkeringen dat zal doorgaan en eventuele mogelijke verlagingen.

Nabestaandenvoordelen zijn net zo belangrijk en omvatten vaak overwegingen zoals levensverzekeringen, pensioenplannen en andere financiële activa. Een levensverzekering kan een eenmalige som of doorlopende betalingen aan uw begunstigden bieden, waarmee u kunt helpen bij het dekken van de kosten van levensonderhoud, schulden of andere financiële behoeften na uw overlijden. Als u geen toereikende levensverzekering hebt of geen geschikte begunstigden aanwijst, kunnen uw dierbaren zonder de financiële middelen komen te zitten die ze nodig hebben om hun levensstandaard te behouden.

Een ander belangrijk aspect is de planning voor hoe overlevingsuitkeringen worden geïntegreerd met andere inkomstenbronnen voor pensionering. Als u of uw partner bijvoorbeeld meerdere bronnen van pensioeninkomen heeft, waaronder sociale zekerheid, pensioenen of investeringen, is het cruciaal om te begrijpen hoe deze worden beïnvloed door het overlijden van een van de partners. Sommige uitkeringen, zoals overlevingsuitkeringen, kunnen het uitgekeerde bedrag verlagen als een andere inkomstenbron blijft bestaan. Door te plannen voor deze interacties, zorgt u ervoor dat uw totale pensioeninkomen stabiel en voldoende blijft voor zowel u als uw partner.

Het is ook belangrijk om rekening te houden met de impact van uw keuzes op de pensioenzekerheid van uw partner. Als u bijvoorbeeld kiest voor een single-life annuity of een andere optie die geen overlevingsuitkeringen biedt, kan uw partner na uw overlijden zonder voldoende financiële steun achterblijven. Omgekeerd kan kiezen voor een joint and survivor annuity of een soortgelijk plan uw partner een doorlopend inkomen opleveren, maar het kan de hoeveelheid inkomen die u tijdens uw leven ontvangt, verminderen. Het in evenwicht brengen van deze overwegingen houdt in dat u uw huidige financiële behoeften, de toekomstige behoeften van uw partner en uw algehele pensioendoelen beoordeelt.

Om deze problemen effectief aan te pakken, begint u met het bekijken van de voordelen en opties die uw pensioenplannen, levensverzekeringspolissen en andere financiële activa bieden. Zorg ervoor dat u de algemene voorwaarden volledig begrijpt, inclusief hoe de voordelen worden berekend, eventuele opties voor overlevingsuitkeringen en de implicaties van uw keuzes. Zorg ervoor dat u de begunstigdenaanduidingen bijwerkt en bekijk de toereikendheid van uw levensverzekeringsdekking om uw huidige behoeften en omstandigheden te weerspiegelen.

Het is ook essentieel om een uitgebreid boedelplan te maken dat bepalingen bevat voor partner- en nabestaandenvoordelen. Een boedelplan moet aangeven hoe uw bezittingen worden verdeeld, hoe schulden worden beheerd en hoe uw dierbaren worden ondersteund na uw overlijden. Overleg met een advocaat voor boedelplanning kan u helpen een plan te ontwikkelen dat aan uw behoeften voldoet en ervoor zorgt dat uw wensen effectief worden uitgevoerd.

Regelmatig uw pensioen- en nalatenschapsplannen herzien en bijwerken is cruciaal naarmate uw omstandigheden veranderen. Levensgebeurtenissen zoals huwelijk, scheiding, de geboorte van kinderen of veranderingen in financiële status kunnen allemaal van invloed zijn op uw planningsbehoeften. Regelmatige updates zorgen ervoor dat uw plannen in lijn blijven met uw huidige situatie en dat u uw echtgenoot en dierbaren de nodige ondersteuning blijft bieden.

Samenvattend kan het verwaarlozen van het plannen van partner- en nabestaandenvoordelen ernstige gevolgen hebben voor uw financiële zekerheid en die van uw dierbaren. Door uw voordelenopties te begrijpen, deze te integreren met andere inkomstenbronnen voor uw pensioen en een uitgebreid boedelplan te maken, kunt u ervoor zorgen dat zowel u als uw partner goed voorbereid zijn op uw pensioen. Een goede planning helpt om financiële stabiliteit, gemoedsrust en een veilige toekomst voor uw gezin te bieden, zodat u met vertrouwen van uw pensioen kunt genieten.

Het belang van estate planning verkeerd inschatten

Het verkeerd inschatten van het belang van estate planning is een kritieke fout die verstrekkende gevolgen kan hebben voor uw financiële nalatenschap en het welzijn van uw dierbaren. Estate planning omvat het nemen van beslissingen over hoe uw activa worden verdeeld, wie uw zaken zal beheren en hoe uw wensen na uw overlijden worden gehonoreerd. Het niet goed plannen van uw nalatenschap kan leiden tot complicaties, onnodige belastingen en juridische geschillen, wat uiteindelijk uw doelen ondermijnt en uw familie in nood brengt. Het begrijpen en implementeren van een uitgebreid estate plan is cruciaal om ervoor te zorgen dat uw activa worden beheerd volgens uw wensen en dat uw dierbaren worden voorzien op de manier die u voor ogen heeft.

Een van de belangrijkste redenen waarom estate planning zo belangrijk is, is dat het helpt ervoor te zorgen dat uw activa worden verdeeld volgens uw wensen. Zonder een estate plan worden uw activa verdeeld volgens de wetten van intestacy in uw rechtsgebied, die mogelijk niet overeenkomen met uw persoonlijke voorkeuren. Dit kan ertoe leiden dat onbedoelde begunstigden uw activa ontvangen of dat uw nalatenschap wordt verdeeld op een manier die niet overeenkomt met uw wensen. Estate planning stelt u in staat om precies te specificeren hoe uw activa moeten worden verdeeld, inclusief wie specifieke items, eigendommen of financiële rekeningen zal erven.

Estate planning speelt ook een cruciale rol bij het minimaliseren van successierechten en andere kosten. Zonder goede planning kan uw nalatenschap bij uw overlijden onderhevig zijn aan aanzienlijke belastingen, wat de waarde van de activa die aan uw erfgenamen worden doorgegeven, kan verminderen. Estate planning tools zoals trusts, schenkingsstrategieën en liefdadigheidsdonaties kunnen helpen de belastingdruk op uw nalatenschap te verminderen. Door bijvoorbeeld een trust op te zetten, kunt u activa buiten uw belastbare nalatenschap overdragen, wat mogelijk de successierechten verlaagt en uw begunstigden grotere financiële voordelen biedt. Effectieve estate planning omvat het begrijpen van de fiscale implicaties van uw beslissingen en het gebruiken van strategieën om deze kosten te minimaliseren.

Een ander belangrijk aspect van estate planning is ervoor zorgen dat uw wensen met betrekking tot medische zorg en beslissingen over het einde van het leven worden gerespecteerd. Estate planning stelt u in staat om richtlijnen op te stellen, zoals een levenstestament of een volmacht voor gezondheidszorg, waarin uw voorkeuren voor medische behandeling worden gespecificeerd als u wilsonbekwaam wordt. Deze documenten kunnen uw familie en medische professionals begeleiden, zodat uw wensen worden nageleefd en mogelijke geschillen of verwarring over uw zorg worden voorkomen. Zonder deze documenten kan uw familie worden achtergelaten om moeilijke beslissingen te nemen zonder duidelijke richting, wat leidt tot emotionele stress en mogelijke conflicten.

Naast het aanpakken van vermogensverdeling en medische zorg, omvat estate planning het selecteren van personen die uw zaken zullen beheren en namens u beslissingen zullen nemen als u daartoe niet in staat bent. Dit omvat het aanstellen van een executeur voor uw nalatenschap, die verantwoordelijk zal zijn voor het beheer van uw vermogen en ervoor zal zorgen dat uw wensen worden uitgevoerd. Het omvat ook het aanwijzen van een volmacht om financiële en juridische zaken te behandelen en een gezondheidszorggemachtigde om medische beslissingen te nemen. Het zorgvuldig kiezen van deze personen en ervoor zorgen dat ze op de hoogte zijn van hun rollen en verantwoordelijkheden is cruciaal voor een soepele boedelafwikkeling.

Estate planning helpt ook om uw dierbaren te beschermen en te voorzien in hun toekomstige behoeften. Door een testament of trust op te stellen, kunt u ervoor zorgen dat uw gezin financieel wordt voorzien en dat uw activa worden verdeeld op een manier die hun welzijn ondersteunt. U kunt bijvoorbeeld een trust oprichten om te voorzien in minderjarige kinderen of personen ten laste, zodat aan hun behoeften wordt voldaan en ze ondersteuning krijgen totdat ze volwassen zijn. Estate planning kan ook voorzieningen omvatten voor begunstigden met speciale behoeften, zodat ze de juiste zorg en ondersteuning krijgen zonder hun recht op overheidsuitkeringen in gevaar te brengen.

Als u uw nalatenschap niet plant, kan dit leiden tot kostbare en tijdrovende juridische geschillen tussen uw erfgenamen. Zonder een duidelijk nalatenschapsplan kunnen er meningsverschillen ontstaan over de verdeling van uw bezittingen, wat kan leiden tot potentiële conflicten en rechtszaken. Estate planning biedt duidelijkheid en vermindert de kans op geschillen door uw bedoelingen duidelijk uiteen te zetten en een kader te bieden voor het oplossen van mogelijke problemen. Dit kan helpen de harmonie in de familie te behouden en ervoor te zorgen dat uw nalatenschap efficiënt en volgens uw wensen wordt beheerd.

Bovendien is estate planning geen eenmalige gebeurtenis, maar een doorlopend proces dat regelmatige herziening en updates vereist. Veranderingen in uw persoonlijke omstandigheden, zoals huwelijk, echtscheiding, de geboorte van kinderen of belangrijke financiële veranderingen, kunnen van invloed zijn op uw estate plan en updates noodzakelijk maken. Regelmatige herziening en update van uw estate plan zorgt ervoor dat het in lijn blijft met uw huidige situatie en uw wensen nauwkeurig blijft weerspiegelen.

Om te beginnen met estate planning, begin met het beoordelen van uw activa en passiva en bedenk hoe u wilt dat deze worden verdeeld. Raadpleeg een estate planning advocaat om u te helpen de verschillende beschikbare hulpmiddelen en strategieën te begrijpen, zoals testamenten, trusts, volmachten en richtlijnen voor de toekomst.

Een advocaat kan u helpen navigeren door de juridische complexiteit van estate planning, ervoor zorgen dat uw documenten correct worden opgesteld en uitgevoerd, en advies geven over het minimaliseren van belastingen en het beschermen van uw activa.

Samenvattend kan het verkeerd inschatten van het belang van estate planning ernstige gevolgen hebben voor uw financiële nalatenschap en het welzijn van uw dierbaren. Door het belang van estate planning te begrijpen en een uitgebreid plan te implementeren, kunt u ervoor zorgen dat uw activa worden verdeeld volgens uw wensen, de belastingimplicaties minimaliseren en duidelijke richtlijnen bieden voor medische en financiële beslissingen. Estate planning helpt uw familie te beschermen, juridische geschillen te verminderen en ervoor te zorgen dat uw nalatenschap wordt afgehandeld op een manier die uw waarden en doelen weerspiegelt. De tijd nemen om een effectief estate plan te maken en te onderhouden is een essentiële stap in het veiligstellen van uw financiële toekomst en de toekomst van uw dierbaren.

Het onderschatten van de impact van huisvestingskosten

Het onderschatten van de impact van huisvestingskosten kan uw financiële stabiliteit en pensioenplanning aanzienlijk ondermijnen. Huisvestingskosten, waaronder hypotheekbetalingen, onroerendgoedbelasting, onderhoud en nutsvoorzieningen, vormen vaak een substantieel deel van het budget van een huishouden. Voor gepensioneerden kunnen deze kosten nog groter zijn, wat van invloed is op uw algehele financiële zekerheid en kwaliteit van leven. Het nauwkeurig beoordelen en plannen van huisvestingskosten is cruciaal om ervoor te zorgen dat u een stabiele financiële basis hebt gedurende uw pensioen.

Een van de belangrijkste problemen met het onderschatten van huisvestingskosten is dat het kan leiden tot een onrealistisch beeld van uw financiële behoeften tijdens uw pensioen. Veel mensen richten zich op hun directe behoeften en wensen en vergeten de gevolgen van huisvestingskosten op de lange termijn te overwegen. Als gevolg hiervan kunnen gepensioneerden erachter komen dat ze onvoldoende middelen hebben om hun kosten voor levensonderhoud te dekken, vooral als hun huisvestingskosten hoger blijken te zijn dan verwacht.

Hypotheekbetalingen kunnen een aanzienlijke financiële last zijn, vooral als u met een openstaande hypotheek met pensioen gaat. Hoewel veel mensen hun hypotheek willen afbetalen voordat ze met pensioen gaan, wordt dit doel niet altijd bereikt. Voor degenen die hun hypotheekschuld met zich meedragen tot aan hun pensioen, kunnen de maandelijkse betalingen een groot deel van hun vaste inkomen opslokken. Als deze betalingen hoger zijn dan verwacht of als de rentetarieven fluctueren, kan dit uw budget onder druk zetten en uw financiële flexibiliteit verminderen.

Onroerendgoedbelastingen zijn een andere cruciale overweging. Deze belastingen kunnen aanzienlijk variëren, afhankelijk van de locatie en de waarde van uw onroerend goed. Naarmate de waarde van onroerend goed stijgt, stijgen ook de onroerendgoedbelastingen, wat mogelijk leidt tot hogere kosten. Het onderschatten van de potentie voor stijgende onroerendgoedbelastingen kan financiële druk creëren, vooral als uw pensioeninkomen niet proportioneel wordt aangepast om deze extra kosten te dekken.

Onderhouds- en reparatiekosten voor uw huis kunnen ook aanzienlijk zijn en worden vaak over het hoofd gezien bij de planning van uw pensioen. Huizen vereisen regelmatig onderhoud, inclusief reparaties, renovaties en algemeen onderhoud, wat na verloop van tijd kan oplopen. Deze kosten kunnen bijzonder belastend zijn als u een ouder huis bezit of als er onverwachte problemen ontstaan. Als u geen rekening houdt met deze kosten, kan dit leiden tot financiële druk, omdat u mogelijk in uw spaargeld moet duiken of op andere gebieden van uw budget moet bezuinigen.

Nutsvoorzieningen en andere lopende kosten die gepaard gaan met huiseigendom, zoals verzekeringen en kosten van de Vereniging van Eigenaren (VvE), kunnen ook een aanzienlijke impact hebben op uw pensioenbudget. Nutsvoorzieningen kunnen fluctueren op basis van gebruik en marktprijzen, en VvE-kosten kunnen variëren afhankelijk van de diensten die door de vereniging worden geleverd. Het is essentieel om deze kosten nauwkeurig te schatten en ze op te nemen in uw pensioenplan om financiële verrassingen te voorkomen.

Een andere overweging is de mogelijke noodzaak voor aanpassingen aan de huisvesting naarmate u ouder wordt. Veel gepensioneerden worden uiteindelijk geconfronteerd met de noodzaak om hun woonsituatie aan te passen vanwege veranderingen in gezondheid, mobiliteit of levensstijlvoorkeuren. Dit kan betekenen dat ze kleiner gaan wonen, naar een ander gebied verhuizen of naar een pensioneringsgemeenschap verhuizen. Elk van deze opties brengt zijn eigen kosten met zich mee, waaronder verhuiskosten, nieuwe onroerendgoedbelastingen en mogelijke veranderingen in onderhoudsvereisten. Het onderschatten van deze toekomstige huisvestingsbehoeften kan van invloed zijn op uw financiële plannen en de kwaliteit van uw pensioen.

Om effectief te beheren en plannen voor huisvestingskosten tijdens uw pensioen, begint u met het uitvoeren van een grondige beoordeling van uw huidige en toekomstige huisvestingskosten. Bekijk uw hypotheekbetalingen, onroerendgoedbelastingen, verzekeringen, onderhouds- en nutsvoorzieningskosten om een realistische schatting te maken van wat u nodig hebt om deze kosten te dekken tijdens uw pensioen. Houd rekening met factoren zoals inflatie en mogelijke veranderingen in de waarde van onroerend goed die van invloed kunnen zijn op deze kosten.

Neem deze schattingen op in uw algehele pensioenbudget en financiële plan. Zorg ervoor dat u voldoende middelen hebt om huisvestingskosten te dekken naast andere pensioenbehoeften, zoals gezondheidszorg, reizen en dagelijkse kosten. Het maken van een gedetailleerd budget dat alle potentiële huisvestingsgerelateerde kosten omvat, helpt u een nauwkeuriger beeld te krijgen van uw financiële behoeften en eventuele tekorten te identificeren.

Als u verwacht dat de kosten van huisvesting een belangrijke zorg zullen zijn tijdens uw pensioen, onderzoek dan opties om deze kosten te verlagen. Dit kan betekenen dat u uw hypotheek aflost vóór uw pensioen, dat u goedkopere huisvestingsopties overweegt of dat u toekomstige aanpassingen aan uw woonsituatie plant. Daarnaast kan het opbouwen van een noodfonds specifiek voor huisvestingsgerelateerde kosten een financiële buffer bieden en u helpen onverwachte kosten te beheren.

Overleg met een financieel adviseur kan ook nuttig zijn bij het aanpakken van huisvestingskosten als onderdeel van uw pensioenplanning. Een adviseur kan u helpen strategieën te ontwikkelen voor het beheren van deze kosten, opties te verkennen voor het optimaliseren van uw huisvestingssituatie en ervoor te zorgen dat uw financiële plan rekening houdt met alle relevante factoren.

Samenvattend kan het onderschatten van de impact van huisvestingskosten aanzienlijke gevolgen hebben voor uw pensioenplanning en financiële stabiliteit. Door huisvestingskosten, waaronder hypotheekbetalingen, onroerendgoedbelasting, onderhoud en nutsvoorzieningen, nauwkeurig te beoordelen en te plannen, kunt u een realistischer pensioenbudget ontwikkelen en financiële druk vermijden. Een goede planning en beheer van huisvestingskosten zijn essentieel om een stabiel en comfortabel pensioen te garanderen, zodat u van uw latere jaren kunt genieten zonder onnodige financiële stress.

Veranderingen in levensstijl negeren tijdens pensionering

Het negeren van veranderingen in levensstijl tijdens uw pensioen kan een diepgaand effect hebben op zowel uw financiële stabiliteit als uw algehele welzijn. Pensioen is niet alleen een fase in het leven waarin het werk stopt; het is een overgang die vaak aanzienlijke veranderingen in dagelijkse routines, activiteiten en financiële behoeften met zich meebrengt. Het niet anticiperen op en plannen voor deze veranderingen in levensstijl kan leiden tot financiële stress, ontevredenheid en een verminderde kwaliteit van leven. Het aanpakken van mogelijke veranderingen in levensstijl is cruciaal om een soepel en bevredigend pensioen te garanderen.

Een van de meest opvallende veranderingen in levensstijl tijdens pensionering is de verschuiving van een gestructureerde werkroutine naar een flexibeler dagschema. Het verlies van een vaste baan kan een leegte creëren die moet worden opgevuld met zinvolle activiteiten en hobby's. Zonder adequate planning kunnen gepensioneerden worstelen met verveling, verlies van doel of sociale isolatie, wat hun mentale en emotionele welzijn kan beïnvloeden. Het is belangrijk om te overwegen hoe u uw tijd tijdens uw pensioen zult besteden en om activiteiten en sociale connecties te creëren die voldoening en betrokkenheid bieden.

Financieel brengt pensionering vaak veranderingen in uitgavenpatronen met zich mee. Terwijl sommige uitgaven, zoals reiskosten of werkgerelateerde uitgaven, kunnen dalen, kunnen andere juist stijgen. Gepensioneerden kunnen bijvoorbeeld meer uitgeven aan reizen, vrijetijdsactiviteiten of hobby's. Ook de kosten voor gezondheidszorg, die aanzienlijk kunnen stijgen naarmate u ouder wordt, moeten in overweging worden genomen. Door te plannen voor deze levensstijlgerelateerde uitgaven, zorgt u ervoor dat u de financiële middelen hebt om uw gewenste levensstijl te ondersteunen zonder uw financiële stabiliteit op de lange termijn in gevaar te brengen.

Gezondheidszorgbehoeften veranderen doorgaans tijdens uw pensioen, wat zorgvuldige overweging en planning vereist. Naarmate u ouder wordt, kunt u te maken krijgen met hogere medische kosten, waaronder routinecontroles, voorgeschreven medicijnen en mogelijk belangrijkere gezondheidsinterventies. Het negeren van deze potentiële kosten kan leiden tot financiële druk en onverwachte uitgaven. Planning voor gezondheidszorgkosten omvat niet alleen het begrijpen van de dekking die wordt geboden door ziektekostenverzekeringen of overheidsprogramma's, maar ook het budgetteren van uitgaven uit eigen zak en mogelijke behoeften aan langdurige zorg.

Een andere belangrijke verandering in levensstijl is de mogelijke noodzaak tot verhuizen of kleiner gaan wonen. Veel gepensioneerden kiezen ervoor om te verhuizen naar een nieuw huis of een ander geografisch gebied dat beter past bij hun behoeften of voorkeuren. Dit kan komen door de wens naar een beter beheersbaar huis, nabijheid van familie of een klimaat dat een gewenste levensstijl ondersteunt. Verhuizen of kleiner gaan wonen brengt verschillende kosten met zich mee, waaronder verhuiskosten, veranderingen in onroerendgoedbelasting en mogelijk nieuwe onderhoudsverantwoordelijkheden. Door deze veranderingen goed te plannen, zorgt u ervoor dat u de overgang kunt betalen en u zich soepel kunt aanpassen aan een nieuwe woonsituatie.

Sociale veranderingen zijn ook een veelvoorkomend aspect van pensionering. Als u de beroepsbevolking verlaat, kan uw sociale netwerk verschuiven en moet u mogelijk nieuwe manieren vinden om sociale connecties te onderhouden en op te bouwen. Nieuwe vriendschappen sluiten, lid worden van clubs of organisaties en deelnemen aan gemeenschapsactiviteiten kunnen helpen gevoelens van isolement te voorkomen en bijdragen aan een bevredigende pensioenervaring. Het negeren van de sociale aspecten van pensionering kan leiden tot eenzaamheid en verminderde kwaliteit van leven.

Pensioen kan ook veranderingen in de familiedynamiek met zich meebrengen. U kunt merken dat u nieuwe rollen op u neemt, zoals de zorg voor ouder wordende ouders of het ondersteunen van volwassen kinderen. Deze verantwoordelijkheden kunnen van invloed zijn op uw tijd, energie en financiën. Plannen voor deze mogelijke veranderingen houdt in dat u begrijpt hoe ze uw pensioenplannen kunnen beïnvloeden en dat u indien nodig aanpassingen aan uw budget en schema doorvoert.

Om effectief om te gaan met veranderingen in levensstijl tijdens uw pensioen, begint u met het visualiseren van uw ideale pensioen en het identificeren van de activiteiten en ervaringen die belangrijk voor u zijn. Denk na over hoe u uw tijd wilt besteden, waar u wilt wonen en welke sociale connecties u wilt behouden of opbouwen. Ontwikkel een uitgebreid pensioenplan dat niet alleen financiële aspecten omvat, maar ook overwegingen met betrekking tot levensstijl.

Maak een gedetailleerd budget dat uw verwachte pensioenuitgaven weerspiegelt, inclusief eventuele veranderingen in uitgavenpatronen gerelateerd aan nieuwe activiteiten, zorgbehoeften en mogelijke verhuiskosten. Houd rekening met mogelijke stijgingen in de kosten van levensonderhoud en zorg ervoor dat u voldoende financiële middelen hebt om uw gewenste levensstijl te ondersteunen.

Denk daarnaast na over hoe u uw tijd gaat indelen en betrokken blijft. Plan hobby's, vrijwilligerswerk of andere activiteiten die een gevoel van zingeving en voldoening geven. Ontdek manieren om sociaal verbonden te blijven en betrokken te blijven bij uw gemeenschap om een sterk sociaal netwerk te behouden.

Overleg met een financieel adviseur kan ook waardevolle ondersteuning bieden bij het aanpakken van veranderingen in levensstijl. Een adviseur kan u helpen bij het beoordelen van uw financiële gereedheid voor pensionering, het plannen van verwachte uitgaven voor uw levensstijl en het aanpassen van uw pensioenstrategie indien nodig. Ze kunnen u ook begeleiden bij het beheren van zorgkosten en het voorbereiden op mogelijke veranderingen in uw woonsituatie.

Samenvattend kan het negeren van veranderingen in levensstijl tijdens uw pensioen leiden tot financiële problemen, ontevredenheid en een verminderde kwaliteit van leven. Door te anticiperen op en plannen te maken voor deze veranderingen, inclusief verschuivingen in dagelijkse routines, uitgavenpatronen, gezondheidszorgbehoeften en sociale connecties, kunt u een uitgebreider en bevredigender pensioenplan creëren. Door deze aspecten aan te pakken, zorgt u ervoor dat u geniet van een stabiel en bevredigend pensioen, zodat u het maximale uit deze nieuwe levensfase kunt halen.

Het niet plannen van vereiste minimumdistributies

Het niet plannen van vereiste minimumdistributies (RMD's) kan leiden tot onbedoelde belastinggevolgen en financiële inefficiënties, met name als u aanzienlijke pensioenspaargelden hebt op belastinguitgestelde rekeningen zoals pensioenen of pensioenspaarplannen. RMD's zijn de minimale bedragen die moeten worden opgenomen van bepaalde soorten pensioenrekeningen zodra u een bepaalde leeftijd bereikt. Het niet goed beheren van deze opnames kan leiden tot onnodige belastingverplichtingen en verminderde financiële flexibiliteit tijdens uw pensioen.

De vereiste voor RMD's begint over het algemeen wanneer u een bepaalde leeftijd bereikt, die kan variëren afhankelijk van de specifieke regelgeving van het land. In veel landen is de leeftijd waarop RMD's moeten beginnen 70 of 72, maar dit kan verschillen op basis van lokale wetten. Het niet opnemen van deze distributies zoals vereist kan leiden tot forse boetes, die vaak een percentage zijn van het bedrag dat had moeten worden opgenomen. Deze boetes kunnen uw pensioensparen aanzienlijk verminderen en extra financiële druk creëren.

Een van de belangrijkste gevolgen van het niet plannen van RMD's is de mogelijkheid van onverwachte belastingverplichtingen. RMD's worden over het algemeen beschouwd als belastbaar inkomen en het opgenomen bedrag moet worden opgenomen in uw jaarlijkse inkomen voor belastingdoeleinden. Als u niet bent voorbereid op deze opnames, kunt u te maken krijgen met een hogere belastingaanslag dan verwacht, wat van invloed kan zijn op uw algehele financiële strategie. Een goede planning houdt in dat u de impact van RMD's op uw belastingsituatie inschat en uw opnames en andere financiële beslissingen dienovereenkomstig aanpast.

Een ander probleem met het niet plannen van RMD's is de potentiële impact op uw pensioensparen op de lange termijn. Als u uw RMD's niet effectief beheert, kan het zijn dat u meer opneemt dan nodig is, wat uw pensioenrekeningsaldo kan verlagen en het groeipotentieel van uw beleggingen kan verminderen. Omgekeerd, als u niet genoeg opneemt om aan de minimumvereisten te voldoen, kunt u te maken krijgen met aanzienlijke boetes en extra belastingdruk. Het in evenwicht brengen van deze opnames om te zorgen voor naleving van de regelgeving en tegelijkertijd uw pensioensparen te behouden, is essentieel voor het behoud van financiële stabiliteit op de lange termijn.

Bovendien kan een onjuiste planning voor RMD's uw algehele pensioeninkomensstrategie beïnvloeden. RMD's kunnen uw cashflowbehoeften beïnvloeden en van invloed zijn op de manier waarop u uw beleggingen toewijst. Als u bijvoorbeeld meer geld moet opnemen om aan de RMD-vereisten te voldoen, kunt u gedwongen worden om beleggingen op een ongelegen moment te verkopen, wat mogelijk resulteert in lagere rendementen of het oplopen van vermogenswinstbelasting. Door zorgvuldige planning kunt u uw RMD's afstemmen op uw algehele beleggingsstrategie en de impact op uw portefeuille minimaliseren.

Om deze problemen te voorkomen, is het cruciaal om de RMD-regels en -vereisten te begrijpen die specifiek zijn voor uw land. Begin met het bepalen van de leeftijd waarop RMD's moeten beginnen en bereken de vereiste minimumbedragen op basis van uw pensioenrekeningsaldi. Veel financiële instellingen bieden RMD-calculators of werkbladen die u kunnen helpen bij het schatten van de bedragen die u moet opnemen.

Integreer RMD-planning in uw algehele pensioenstrategie door te overwegen hoe deze distributies uw belastingsituatie en financiële doelen zullen beïnvloeden. Controleer uw pensioenrekeningen regelmatig om ervoor te zorgen dat u voldoet aan de RMD-vereisten en pas uw opnames indien nodig aan om compliant te blijven. Overweeg daarnaast om samen te werken met een financieel adviseur of belastingprofessional die u kan adviseren over het beheren van RMD's en het optimaliseren van uw pensioeninkomensstrategie.

Verken opties om de belastingimpact van RMD's te minimaliseren. U kunt bijvoorbeeld strategieën overwegen zoals belastingvriendelijke opnames, liefdadigheidsbijdragen of het gebruik van belastinguitgestelde rekeningen om uw belastbare inkomen te beheren. Sommige landen bieden belastingvoordelen voor liefdadigheidsdonaties die rechtstreeks van pensioenrekeningen worden gedaan, wat kan helpen uw belastbare inkomen te verlagen en tegelijkertijd aan uw RMD-vereisten te voldoen.

Samenvattend kan het niet plannen van vereiste minimumdistributies resulteren in onverwachte belastingverplichtingen, verminderde pensioenspaargelden en financiële inefficiënties. Door de RMD-regels te begrijpen, de vereiste bedragen te berekenen en RMD-planning op te nemen in uw algehele pensioenstrategie, kunt u deze distributies effectief beheren en de financiële stabiliteit op de lange termijn behouden. Een goede planning zorgt ervoor dat u voldoet aan de wettelijke vereisten, uw belastingsituatie optimaliseert en uw pensioenspaargeld behoudt voor een veilig en bevredigend pensioen.

Geen duidelijke pensioendoelen stellen

Als u geen duidelijke pensioendoelen stelt, kan dat leiden tot onzekerheid, gemiste kansen en een gebrek aan richting in uw pensioenplanning. Duidelijke doelen bieden een routekaart voor het nemen van weloverwogen financiële beslissingen, het begeleiden van uw spaarstrategieën en het helpen u een bevredigend en veilig pensioen te bereiken. Zonder goed gedefinieerde doelen kunt u moeite hebben om op koers te blijven, financiële tekorten ervaren of er niet in slagen het maximale uit uw pensioenjaren te halen.

Een van de belangrijkste redenen om duidelijke pensioendoelen te stellen, is om een concrete visie te creëren van wat u wilt bereiken tijdens uw pensioen. Dit omvat het definiëren van uw gewenste levensstijl, woonsituatie, activiteiten en financiële behoeften. Zonder een duidelijke visie kan het lastig zijn om een uitgebreid pensioenplan te ontwikkelen dat aansluit bij uw verwachtingen en aspiraties. Door specifieke doelen te stellen, kunt u uw spaargeld prioriteren, middelen effectief toewijzen en weloverwogen keuzes maken over hoe u uw pensioenjaren wilt doorbrengen.

Duidelijke pensioendoelen helpen ook bij het bepalen hoeveel u moet sparen en investeren om uw gewenste pensioenlevensstijl te bereiken. Door uw financiële behoeften en doelen te identificeren, kunt u de hoeveelheid spaargeld schatten die nodig is om uw plannen te ondersteunen. Dit omvat het berekenen van uw verwachte uitgaven, zoals huisvesting, gezondheidszorg, reizen en vrijetijdsactiviteiten, en het bepalen hoeveel u moet sparen om deze kosten te dekken. Zonder duidelijke doelen kunt u te veel sparen, wat leidt tot onnodige opofferingen in uw huidige levensstijl, of te weinig sparen, wat het risico op financiële onzekerheid tijdens uw pensioen met zich meebrengt.

Bovendien kunt u met specifieke pensioendoelen een gestructureerd en uitvoerbaar spaarplan maken. Doelen bieden motivatie en een gevoel van doelgerichtheid, waardoor het gemakkelijker wordt om toegewijd te blijven aan uw spaarstrategie. Ze helpen u mijlpalen te stellen en uw voortgang bij te houden, zodat u indien nodig aanpassingen kunt maken en op koers kunt blijven. Zonder duidelijke doelen kan het lastig zijn om discipline en focus te behouden, wat leidt tot inconsistenties in uw spaarinspanningen en mogelijke vertragingen bij het bereiken van uw pensioendoelen.

Het stellen van duidelijke doelen helpt ook bij het evalueren en selecteren van geschikte beleggingsstrategieën. Verschillende pensioendoelen kunnen verschillende beleggingsbenaderingen vereisen. Als uw doel bijvoorbeeld is om vervroegd met pensioen te gaan, moet u mogelijk een agressievere beleggingsstrategie hanteren om de benodigde fondsen te verzamelen. Omgekeerd, als uw doel is om later met pensioen te gaan en te genieten van een conservatievere levensstijl, kan een andere beleggingsbenadering geschikter zijn. Duidelijke doelen bieden het kader voor het nemen van deze strategische beslissingen en zorgen ervoor dat uw beleggingen aansluiten bij uw pensioenplannen.

Bovendien vergemakkelijken goed gedefinieerde pensioendoelen betere besluitvorming als het gaat om keuzes in levensstijl en financiële prioriteiten. Als uw doel bijvoorbeeld is om uitgebreid te reizen tijdens uw pensioen, moet u mogelijk meer budgetteren voor reiskosten en andere uitgavenprioriteiten aanpassen. Omgekeerd, als uw doel is om uw huis te verkleinen en de kosten van levensonderhoud te verlagen, kunt u plannen voor de bijbehorende kosten en voordelen. Duidelijke doelen helpen u om weloverwogen keuzes te maken en ervoor te zorgen dat uw pensioenplannen realistisch en haalbaar zijn.

Het niet stellen van duidelijke pensioendoelen kan ook leiden tot gemiste kansen om uw pensioensparen en beleggingsstrategieën te optimaliseren. Doelen helpen u kansen te identificeren en te benutten, zoals belastingvriendelijke beleggingsrekeningen, pensioenregelingen van werkgevers en andere financiële instrumenten. Zonder specifieke doelen kunt u deze kansen over het hoofd zien of ze niet effectief benutten, wat mogelijk gevolgen heeft voor uw financiële zekerheid op de lange termijn.

Om duidelijke pensioendoelen te stellen, begint u met het visualiseren van uw ideale pensioen en het identificeren van wat u wilt bereiken. Denk aan factoren zoals uw gewenste levensstijl, woonsituatie, reisplannen en andere activiteiten die belangrijk voor u zijn. Evalueer uw financiële behoeften en schat de kosten die gepaard gaan met uw doelen. Ontwikkel een spaar- en beleggingsplan dat aansluit bij uw doelstellingen en een routekaart biedt voor het bereiken van uw gewenste pensioenresultaten.

Bekijk en update uw pensioendoelen regelmatig om veranderingen in uw omstandigheden, prioriteiten en financiële situatie te weerspiegelen. Levensgebeurtenissen zoals huwelijk, scheiding, de geboorte van kinderen of veranderingen in de gezondheid kunnen uw doelen beïnvloeden en aanpassingen aan uw pensioenplan vereisen. Door flexibel te blijven en uw doelen indien nodig aan te passen, kunt u ervoor zorgen dat uw pensioenplannen relevant en haalbaar blijven.

Overleg met een financieel adviseur kan ook waardevolle ondersteuning bieden bij het bepalen en bereiken van uw pensioendoelen. Een adviseur kan u helpen uw financiële situatie te beoordelen, uw doelen te definiëren en een uitgebreid plan te ontwikkelen om deze te bereiken. Ze kunnen u begeleiden bij beleggingsstrategieën, spaarplannen en andere aspecten van pensioenplanning, zodat u weloverwogen beslissingen kunt nemen en op koers kunt blijven.

Samenvattend kan het niet stellen van duidelijke pensioendoelen leiden tot onzekerheid, gemiste kansen en financiële uitdagingen. Door uw doelen te definiëren en een gestructureerd plan te maken om ze te bereiken, kunt u ervoor zorgen dat uw pensioen bevredigend en veilig is. Duidelijke doelen bieden richting, motivatie en een kader voor het nemen van weloverwogen financiële beslissingen, waardoor u uw spaargeld, investeringen en levensstijlkeuzes kunt optimaliseren. De tijd nemen om uw pensioendoelen te stellen en te evalueren is essentieel voor het bereiken van een succesvol en plezierig pensioen.

Het over het hoofd zien van de waarde van continu leren

Het negeren van de waarde van continu leren kan aanzienlijke gevolgen hebben voor uw pensioenervaring en algehele welzijn. Continue leren - het proces van het voortdurend ontwikkelen van nieuwe vaardigheden, het verwerven van kennis en intellectueel betrokken blijven - kan uw levenskwaliteit aanzienlijk verbeteren, vooral tijdens uw pensioen. Het negeren van dit aspect van persoonlijke ontwikkeling kan leiden tot gemiste kansen voor groei, verminderde mentale gezondheid en verminderde tevredenheid in uw pensioenjaren.

Een van de belangrijkste voordelen van continu leren is de positieve impact die het heeft op de mentale gezondheid en cognitieve functie. Door levenslang te leren, blijft uw geest actief en scherp, wat cruciaal is naarmate u ouder wordt. Onderzoeken hebben aangetoond dat mentale stimulatie door middel van leeractiviteiten kan helpen cognitieve achteruitgang te vertragen en het risico op het ontwikkelen van aandoeningen zoals dementie en de ziekte van Alzheimer te verminderen. Door uw hersenen voortdurend uit te dagen met nieuwe informatie en vaardigheden, kunt u uw cognitieve vitaliteit behouden en de algehele gezondheid van uw hersenen ondersteunen tijdens uw pensioen.

Continue leerprocessen dragen ook bij aan persoonlijke groei en zelfontplooiing. Met pensioen gaan biedt vaak de mogelijkheid om nieuwe interesses en passies te ontdekken die niet haalbaar waren tijdens uw werkzame jaren. Of het nu gaat om het leren van een nieuwe taal, het oppakken van een muziekinstrument of het oppakken van een nieuwe hobby, deelnemen aan deze activiteiten kan een gevoel van voldoening en vreugde geven. Het nastreven van nieuwe interesses kan ook een gevoel van doel en voldoening bieden, wat belangrijk is voor het behouden van een positieve instelling en algeheel welzijn.

Bovendien kan continu leren uw sociale interacties en relaties verbeteren. Veel leermogelijkheden, zoals lessen, workshops of groepsactiviteiten, omvatten sociale interactie en samenwerking met anderen. Deze ervaringen kunnen u helpen nieuwe vriendschappen op te bouwen, bestaande relaties te versterken en sociaal betrokken te blijven. Sociale connecties zijn essentieel voor emotionele steun en het verminderen van gevoelens van isolement, wat met name belangrijk kan zijn bij pensionering wanneer sociale kringen kunnen veranderen.

Naast persoonlijke voordelen kan continu leren ook praktische voordelen hebben. Het verwerven van nieuwe vaardigheden en kennis kan deuren openen naar nieuwe kansen, of ze nu gerelateerd zijn aan parttime werk, vrijwilligersactiviteiten of persoonlijke projecten. Het leren van nieuwe technologische vaardigheden kan u bijvoorbeeld in staat stellen om bij te dragen aan gemeenschapsinitiatieven of freelancemogelijkheden na te streven. Door op de hoogte te blijven van nieuwe ontwikkelingen en trends, kunt u zich aanpassen en reageren op veranderingen, waardoor u beter in staat bent om met de wereld om u heen om te gaan.

Continue leerprocessen helpen u ook om intellectueel nieuwsgierig en betrokken te blijven. Het bevordert een gevoel van verkenning en ontdekking, en moedigt u aan om nieuwe ervaringen en perspectieven te zoeken. Deze intellectuele nieuwsgierigheid kan leiden tot een rijkere en meer diverse pensioenervaring, terwijl u uzelf blijft uitdagen en uw horizon verbreedt. Door een mindset van levenslang leren te omarmen, blijft u actief en betrokken, wat bijdraagt aan een bevredigender en dynamischer pensioen.

Om doorlopend leren in uw pensioen op te nemen, begint u met het identificeren van interessegebieden of onderwerpen die u altijd al wilde verkennen. Overweeg om cursussen te volgen, workshops bij te wonen of deel te nemen aan online leerplatforms die aansluiten bij uw interesses. Veel onderwijsinstellingen en maatschappelijke organisaties bieden programma's die speciaal zijn ontworpen voor gepensioneerden, en die mogelijkheden bieden voor leren en sociale interactie.

Stel persoonlijke doelen voor leren en ontwikkeling en maak een plan om deze te bereiken. Dit kan inhouden dat u elke week tijd vrijmaakt voor leeractiviteiten, lid wordt van clubs of groepen die gerelateerd zijn aan uw interesses, of formele onderwijsmogelijkheden nastreeft. Evalueer regelmatig uw voortgang en pas uw leerdoelen aan indien nodig om gemotiveerd en betrokken te blijven.

Zoek daarnaast naar bronnen en tools die levenslang leren ondersteunen. Veel online platforms, bibliotheken en gemeenschapscentra bieden een schat aan educatieve materialen en mogelijkheden. Bekijk deze bronnen om leerervaringen te vinden die bij u passen en bijdragen aan uw persoonlijke groei.

Samenvattend kan het negeren van de waarde van continu leren uw potentieel voor persoonlijke groei, mentale stimulatie en algehele tevredenheid tijdens uw pensioen beperken. Door een mindset van levenslang leren te omarmen, kunt u uw cognitieve gezondheid verbeteren, nieuwe interesses verkennen, sociale connecties opbouwen en intellectueel betrokken blijven. Het opnemen van continu leren in uw pensioenplan draagt bij aan een rijkere, meer vervullende ervaring en ondersteunt uw algehele welzijn terwijl u door deze nieuwe fase van het leven navigeert.

Te veel vertrouwen op erfenissen

Te veel vertrouwen op erfenis als primair onderdeel van uw pensioenplan kan leiden tot aanzienlijke financiële onzekerheid en mogelijke teleurstelling. Erfenis, hoewel vaak een waardevol bezit, mag niet de hoeksteen van uw pensioenstrategie zijn. Onterecht vertrouwen op de verwachting van het ontvangen van een erfenis kan leiden tot verschillende risico's en uitdagingen, wat uw financiële zekerheid en algehele pensioenervaring in gevaar kan brengen.

Een van de belangrijkste problemen met het sterk afhankelijk zijn van erfenissen is de onzekerheid rondom de actualisering ervan. De timing, het bedrag en de voorwaarden van een erfenis kunnen onvoorspelbaar zijn en onderhevig aan verschillende factoren waar u geen controle over hebt. Bijvoorbeeld, veranderingen in de financiële situatie van de weldoener, juridische geschillen of onvoorziene uitgaven kunnen allemaal van invloed zijn op de omvang en timing van de erfenis. Deze onzekerheid kan een precaire financiële situatie creëren als u uw pensioenplannen hebt gebaseerd op de verwachting deze fondsen te ontvangen.

Bovendien kan vertrouwen op erfenis leiden tot ontoereikende planning voor uw eigen financiële behoeften. Als u ervan uitgaat dat een erfenis een aanzienlijk deel van uw pensioenuitgaven zal dekken, kunt u verzuimen om tijdens uw werkzame jaren voldoende te sparen en te investeren. Dit kan resulteren in onvoldoende middelen om uw gewenste levensstijl te ondersteunen, waardoor u kwetsbaar bent voor financiële tekorten als de erfenis niet zoals verwacht uitkomt.

Een ander mogelijk probleem is dat de erfenis mogelijk niet volledig aan uw behoeften of verwachtingen voldoet. Zelfs als u een erfenis ontvangt, is deze mogelijk niet zo groot als verwacht of kan deze gepaard gaan met voorwaarden die het gebruik ervan beperken. Dit kan financiële druk veroorzaken en u dwingen uw pensioenplannen of levensstijl aan te passen op manieren die oorspronkelijk niet de bedoeling waren.

Te veel vertrouwen op erfenissen kan ook van invloed zijn op uw financiële onafhankelijkheid en besluitvorming. Als u rekent op een erfenis om een aanzienlijk deel van uw pensioeninkomen te voorzien, kunt u financiële beslissingen nemen die minder verstandig of riskanter zijn, in de veronderstelling dat de erfenis eventuele tekorten zal dekken. Deze mentaliteit kan leiden tot slechte investeringskeuzes, buitensporige uitgaven of ander financieel gedrag dat uw stabiliteit op de lange termijn in gevaar kan brengen.

Om deze risico's te beperken, is het essentieel om een uitgebreid pensioenplan te ontwikkelen dat niet alleen afhankelijk is van de verwachting van een erfenis. Richt u op het opbouwen van uw eigen financiële zekerheid door regelmatig te sparen, te investeren en verstandig financieel beheer. Stel een duidelijke pensioenstrategie op die het creëren van een noodfonds, het plannen van zorgkosten en het diversifiëren van uw beleggingsportefeuille omvat om ervoor te zorgen dat u voorbereid bent op verschillende scenario's.

Overweeg om erfenisplannen te bespreken met uw familie en financieel adviseur om een duidelijker beeld te krijgen van wat u kunt verwachten. Open communicatie over financiële zaken kan u helpen verwachtingen te managen en effectiever te plannen. Daarnaast kan samenwerken met een financieel adviseur waardevolle inzichten en strategieën bieden voor het beheren van uw pensioensparen en ervoor zorgen dat u goed voorbereid bent op de toekomst.

Samenvattend kan het te zwaar leunen op erfenissen als hoeksteen van uw pensioenplan leiden tot financiële instabiliteit en teleurstelling. Door u te richten op het opbouwen van uw eigen financiële middelen en het ontwikkelen van een uitgebreide pensioenstrategie, kunt u uw afhankelijkheid van onzekere factoren verminderen en zorgen voor een veiliger en bevredigender pensioen.

Misverstand over de rol van lijfrentes

Misverstanden over de rol van lijfrentes kunnen leiden tot suboptimale financiële beslissingen en gemiste kansen om de pensioenzekerheid te vergroten. Lijfrentes zijn financiële producten die zijn ontworpen om een stabiele inkomstenstroom te bieden, vaak voor het pensioen. Hun complexiteit en verscheidenheid kunnen het echter lastig maken om ze volledig te begrijpen. Zonder een duidelijk begrip kunnen individuen de voordelen van lijfrentes over het hoofd zien of ze op een manier misbruiken die niet in lijn is met hun financiële doelen.

Lijfrentes zijn er in verschillende vormen, waaronder vaste, variabele en onmiddellijke lijfrentes, elk met zijn eigen kenmerken en voordelen. Een vaste lijfrente biedt een gegarandeerd rendement en regelmatige inkomstenbetalingen voor een bepaalde periode of voor de rest van het leven van de lijfrentetrekker. Een variabele lijfrente maakt het mogelijk om te investeren in verschillende effecten, waarbij de inkomstenbetalingen variëren op basis van de prestaties van de onderliggende investeringen. Een onmiddellijke lijfrente begint met uitbetalen vrijwel onmiddellijk nadat een forfaitair bedrag is geïnvesteerd, terwijl een uitgestelde lijfrente op een toekomstige datum begint met uitbetalen. Misverstanden over deze typen kunnen leiden tot het kiezen van een lijfrente die niet aan uw behoeften of verwachtingen voldoet.

Een veelvoorkomend misverstand over lijfrentes is dat ze een one-size-fits-all oplossing zijn voor pensioeninkomen. In werkelijkheid zouden lijfrentes geselecteerd moeten worden op basis van individuele financiële doelen, risicobereidheid en pensioenbehoeften. Vaste lijfrentes kunnen bijvoorbeeld voorspelbare inkomsten en zekerheid bieden, maar kunnen lagere rendementen bieden in vergelijking met andere beleggingsopties. Aan de andere kant bieden variabele lijfrentes de mogelijkheid voor hogere rendementen, maar gaan gepaard met een groter beleggingsrisico en complexiteit. Het verkeerd begrijpen van deze nuances kan resulteren in het kiezen van een lijfrente die niet de gewenste balans tussen risico en rendement biedt.

Een ander misverstand betreft de kosten en vergoedingen die gepaard gaan met lijfrentes. Lijfrentes gaan vaak gepaard met verschillende kosten, waaronder administratiekosten, sterfte- en kostenvergoedingen en kosten voor beleggingsbeheer. Deze kosten kunnen het totale rendement op de belegging verlagen en van invloed zijn op de ontvangen netto-inkomsten. Het niet erkennen en verantwoorden van deze kosten kan leiden tot onverwachte kosten en verminderde financiële voordelen.

Sommige personen kunnen ook de liquiditeitsbeperkingen van lijfrentes verkeerd begrijpen. Lijfrentes zijn over het algemeen ontworpen voor langetermijninkomenszekerheid en toegang tot fondsen vóór de lijfrenteperiode kan resulteren in boetes of verminderde rendementen. Als u toegang nodig hebt tot een deel van uw spaargeld voor noodgevallen of andere behoeften, kan te veel vertrouwen op lijfrentes uw financiële flexibiliteit beperken. Het is belangrijk om het gebruik van lijfrentes in evenwicht te brengen met andere liquide investeringen om ervoor te zorgen dat u voldoende toegang hebt tot fondsen wanneer dat nodig is.

Bovendien wordt de rol van lijfrentes in estate planning vaak verkeerd begrepen. Hoewel lijfrentes een betrouwbaar inkomen kunnen opleveren, bieden ze niet altijd gunstige voordelen voor estate planning. Sommige lijfrentes geven geen voordelen door aan erfgenamen, omdat de betalingen stoppen bij het overlijden van de lijfrentetrekker, tenzij er specifieke bepalingen zijn gemaakt. Begrijpen hoe lijfrentes passen in uw algehele estate planning is cruciaal om ervoor te zorgen dat uw activa worden verdeeld volgens uw wensen.

Om annuïteiten effectief te gebruiken, begint u met het verkrijgen van een grondig begrip van hun kenmerken en hoe ze aansluiten bij uw financiële doelen. Beoordeel uw pensioenbehoeften, inclusief inkomensvereisten, risicobereidheid en liquiditeitsbehoeften, en overweeg hoe annuïteiten andere beleggingsstrategieën kunnen aanvullen. Onderzoek de verschillende soorten annuïteiten, de bijbehorende kosten en hun impact op uw algehele financiële plan.

Overleg met een financieel adviseur kan ook nuttig zijn om de juiste lijfrente voor uw situatie te begrijpen en te selecteren. Een adviseur kan inzicht bieden in de voor- en nadelen van verschillende lijfrentes, u helpen hun geschiktheid te evalueren op basis van uw financiële doelen en ervoor zorgen dat u op de hoogte bent van alle bijbehorende kosten en implicaties.

Samenvattend kan het verkeerd begrijpen van de rol van lijfrentes leiden tot slechte financiële beslissingen en gemiste kansen om de pensioenzekerheid te vergroten. Door een duidelijk begrip te krijgen van de verschillende soorten lijfrentes, hun voordelen en hun beperkingen, kunt u weloverwogen keuzes maken die aansluiten bij uw financiële doelen. Het goed integreren van lijfrentes in uw pensioenstrategie kan waardevolle inkomensstabiliteit bieden en bijdragen aan een veilig en bevredigend pensioen.

Het niet aanpassen aan de marktvolatiliteit

Als u zich niet aanpast aan de marktvolatiliteit, kan dat een aanzienlijke impact hebben op uw pensioensparen en financiële stabiliteit. Marktvolatiliteit verwijst naar de schommelingen in beleggingsprijzen als gevolg van verschillende economische, politieke en financiële factoren. Hoewel deze schommelingen een natuurlijk onderdeel zijn van beleggen, kan het niet plannen ervan leiden tot onverwachte verliezen, lagere rendementen en een verhoogd financieel risico, met name als u de pensioengerechtigde leeftijd nadert of bereikt.

Een van de belangrijkste risico's van het niet aanpassen aan de marktvolatiliteit is de kans op aanzienlijke verliezen in uw beleggingsportefeuille. Gepensioneerden vertrouwen vaak op hun beleggingsrekeningen om inkomsten en groei te genereren tijdens hun pensioen. Als uw portefeuille zwaar is blootgesteld aan volatiele activa zonder de juiste diversificatie of risicomanagement, kunnen marktdalingen leiden tot aanzienlijke verliezen. Deze verliezen kunnen uw pensioensparen verminderen, waardoor u minder goed in staat bent om uw gewenste levensstijl te behouden en mogelijk aanpassingen aan uw uitgaven of pensioenplannen nodig zijn.

Een ander gevolg van het verwaarlozen van het aanpassen voor marktvolatiliteit is het verhoogde risico van het risico van de volgorde van rendementen. Het risico van de volgorde van rendementen verwijst naar de impact van negatieve marktrendementen die vroeg in het pensioen optreden op de levensduur van uw portefeuille. Wanneer u geld opneemt uit een beleggingsportefeuille tijdens een marktdaling, kan dit de uitputting van uw spaargeld versnellen. Als uw portefeuille vroeg in het pensioen aanzienlijke verliezen lijdt, kan het moeite hebben om te herstellen, wat leidt tot een hoger risico dat u later door uw fondsen heen raakt.

Bovendien kan het niet aanpassen aan marktvolatiliteit leiden tot slechte besluitvorming tijdens periodes van marktturbulentie. Tijdens marktdalingen kan het verleidelijk zijn om emotioneel te reageren en overhaaste investeringsbeslissingen te nemen, zoals activa met verlies verkopen of overstappen op minder risicovolle investeringen. Zulke beslissingen kunnen verliezen vastleggen en mogelijk toekomstige marktherstel missen. Correct aanpassen aan marktvolatiliteit houdt in dat u een gedisciplineerde investeringsstrategie hanteert en emotionele reacties op kortetermijnmarktbewegingen vermijdt.

Om de marktvolatiliteit effectief te beheren, is het essentieel om een gediversifieerde beleggingsstrategie te implementeren. Diversificatie houdt in dat u uw beleggingen spreidt over verschillende activaklassen, sectoren en geografische regio's om de impact van de slechte prestaties van een enkele belegging op uw totale portefeuille te verminderen. Door te diversifiëren, kunt u het risico dat gepaard gaat met marktschommelingen beperken en de stabiliteit van uw beleggingsrendementen verbeteren.

Een andere belangrijke strategie is om een geschikte vermogensallocatie te behouden op basis van uw risicobereidheid, beleggingsdoelen en tijdshorizon. Naarmate u dichter bij uw pensioen komt, is het over het algemeen raadzaam om de blootstelling aan risicovolle beleggingen te verminderen en de allocaties naar stabielere, inkomsten genererende activa, zoals obligaties of kasequivalenten, te verhogen. Deze aanpassing kan helpen de impact van marktvolatiliteit op uw portefeuille te verminderen en meer voorspelbare rendementen te bieden.

Regelmatig uw beleggingsportefeuille herzien en opnieuw in evenwicht brengen is ook cruciaal voor het beheren van marktvolatiliteit. Na verloop van tijd kunnen marktschommelingen ervoor zorgen dat uw vermogensallocatie afwijkt van uw beoogde strategie. Herbalanceren houdt in dat u uw portefeuille terugbrengt naar de beoogde allocatie, zodat u het juiste risico- en rendementsniveau behoudt. Dit proces helpt bij het beheren van volatiliteit en zorgt ervoor dat uw beleggingsstrategie in lijn blijft met uw financiële doelen.

Bovendien kan een goed gedefinieerde opnamestrategie helpen de effecten van marktvolatiliteit te verzachten. Het opzetten van een systematische aanpak voor het opnemen van fondsen uit uw portefeuille, zoals het gebruik van een duurzame opnamesnelheid, kan stabiliteit bieden en het risico verminderen dat uw spaargeld uitgeput raakt tijdens marktdalingen. Overweeg om samen te werken met een financieel adviseur om een opnamestrategie te ontwikkelen die rekening houdt met marktvolatiliteit en uw financiële behoeften op de lange termijn ondersteunt.

Samenvattend kan het niet aanpassen aan marktvolatiliteit leiden tot aanzienlijke risico's en uitdagingen bij de pensioenplanning. Door een gediversifieerde beleggingsstrategie te implementeren, een passende vermogensallocatie te handhaven, uw portefeuille regelmatig opnieuw in evenwicht te brengen en een gezonde opnamestrategie op te stellen, kunt u de impact van marktschommelingen beter beheren en uw pensioensparen beschermen. Door de marktvolatiliteit op de juiste manier aan te pakken, zorgt u ervoor dat uw beleggingsstrategie in lijn blijft met uw financiële doelen en een veilig en stabiel pensioen ondersteunt.

Geen rekening houden met deeltijdwerk of alternatieve inkomstenstromen

Het niet overwegen van parttime werk of alternatieve inkomstenstromen kan uw financiële flexibiliteit en zekerheid tijdens uw pensioen beperken. Terwijl traditionele pensioenplannen zich vaak richten op sparen en beleggen, kan het opnemen van extra inkomstenbronnen extra financiële buffer bieden, uw levensstandaard verbeteren en meer flexibiliteit bieden om onverwachte uitgaven te verwerken.

Parttimewerk tijdens uw pensioen kan een waardevolle manier zijn om uw inkomen aan te vullen en u betrokken te houden. Veel gepensioneerden vinden dat parttimewerk, zelfs in een minder veeleisende of andere rol, zowel financiële voordelen als persoonlijke voldoening kan opleveren. Het biedt een kans om actief, sociaal en intellectueel betrokken te blijven, wat gunstig kan zijn voor het algehele welzijn. Bovendien kan parttimewerk de overgang van fulltimewerk naar pensioen vergemakkelijken, waardoor u een gevoel van doel en structuur kunt behouden.

Alternatieve inkomstenstromen zijn een andere belangrijke overweging. Deze kunnen huurinkomsten uit onroerend goed, investeringen in dividendbetalende aandelen of royalty's uit intellectueel eigendom zoals boeken of patenten omvatten. Diversifiëren van uw inkomstenbronnen kan helpen de afhankelijkheid van een enkele inkomstenstroom te verminderen en stabiliteit te bieden in het geval dat een bron minder betrouwbaar wordt. Huurinkomsten kunnen bijvoorbeeld een consistente cashflow bieden en kunnen in de loop van de tijd in waarde stijgen, terwijl investeringen in dividendbetalende aandelen een regelmatig inkomen bieden samen met potentieel voor kapitaalwaardering.

Het negeren van de mogelijkheid van parttime werk of alternatieve inkomstenstromen kan resulteren in een minder veilige financiële situatie, vooral als uw primaire pensioenspaargelden niet voldoende zijn om uw gewenste levensstijl te dekken. Door aanvullende inkomstenopties te overwegen, kunt u uw financiële zekerheid vergroten en het risico verkleinen dat u uw spaargeld overleeft. Het biedt ook een buffer tegen economische tegenslagen of onverwachte uitgaven, wat helpt om uw financiële stabiliteit en gemoedsrust te behouden.

Het evalueren van mogelijkheden voor parttime werk of alternatieve inkomstenstromen vereist zorgvuldige planning en overweging van uw vaardigheden, interesses en beschikbaarheid. Identificeer gebieden waar u uw bestaande vaardigheden kunt benutten of nieuwe interesses kunt verkennen die inkomsten kunnen genereren. Als u bijvoorbeeld expertise hebt in een bepaald vakgebied, kunt u overwegen om te gaan adviseren of freelancen. Als u van hobby's houdt zoals knutselen of schrijven, kunt u manieren verkennen om deze interesses te gelde te maken.

Houd daarnaast rekening met de mogelijke impact van parttimewerk of alternatief inkomen op uw algehele pensioenplannen en belastingsituatie. Parttimewerken kan van invloed zijn op uw belastingverplichtingen en pensioenvoorzieningen, dus het is belangrijk om deze implicaties te begrijpen en dienovereenkomstig te plannen. Overleg met een financieel adviseur kan u helpen bij het navigeren door deze overwegingen en het optimaliseren van uw inkomstenstrategie.

Het opnemen van parttime werk of alternatieve inkomstenstromen in uw pensioenplanning kan tal van voordelen opleveren, waaronder meer financiële flexibiliteit, verbeterde zekerheid en persoonlijke vervulling. Door deze opties te verkennen en te implementeren, kunt u uw financiële stabiliteit verbeteren en genieten van een veiliger en aangenamer pensioen.

Uw pensioenplannen niet communiceren

Als u uw pensioenplannen niet communiceert, kan dat leiden tot misverstanden, verkeerde verwachtingen en onnodige complicaties voor uzelf en uw dierbaren. Effectieve communicatie over uw pensioendoelen, financiële strategie en voorkeuren is cruciaal om ervoor te zorgen dat uw pensioen zo soepel mogelijk verloopt en dat uw bedoelingen duidelijk worden begrepen door degenen die mogelijk worden beïnvloed door uw beslissingen.

Een belangrijk probleem bij het niet bespreken van uw pensioenplannen is de kans op conflicten of verwarring onder familieleden. Bij pensionering worden vaak beslissingen genomen die meer dan alleen uw persoonlijke financiën beïnvloeden, waaronder aspecten als woonregelingen, estate planning en zorgverlening. Als deze plannen niet worden gecommuniceerd, kunnen familieleden onzeker worden over hun rollen, verantwoordelijkheden of verwachtingen. Dit kan leiden tot meningsverschillen, misverstanden en gespannen relaties, met name als er snel of onder stressvolle omstandigheden beslissingen moeten worden genomen.

Een ander gevolg van slechte communicatie is het risico op financiële misalignment. Uw pensioenstrategie kan complexe financiële regelingen omvatten, zoals investeringen, spaargeldopnames of vermogensverdelingsplannen. Als uw echtgenoot of familieleden niet op de hoogte zijn van deze plannen, begrijpen of ondersteunen ze uw financiële beslissingen mogelijk niet volledig. Dit gebrek aan afstemming kan resulteren in financieel wanbeheer, gemiste kansen of onvoorziene moeilijkheden, zoals het navigeren door financiële beslissingen zonder uw inbreng.

Effectieve communicatie over pensioenplannen helpt ook bij het coördineren van zorg- en ondersteuningsregelingen. Naarmate u dichter bij uw pensioen komt, hebt u mogelijk hulp nodig met taken, gezondheidszorg of dagelijkse activiteiten. Als uw plannen en behoeften niet duidelijk worden gecommuniceerd, kan het voor familieleden een uitdaging zijn om het juiste niveau van ondersteuning te bieden. Duidelijke communicatie zorgt ervoor dat iedereen die betrokken is op de hoogte is van zijn of haar verantwoordelijkheden en regelingen kan treffen om effectief aan uw behoeften te voldoen.

Bovendien kan het bespreken van uw pensioenplannen met familieleden en dierbaren helpen om verwachtingen te managen en hen voor te bereiden op eventuele veranderingen die zich kunnen voordoen. Als u bijvoorbeeld van plan bent om te verhuizen, kleiner te gaan wonen of belangrijke veranderingen in uw levensstijl aan te brengen, kunt u uw familie vooraf informeren, zodat zij zich aan deze veranderingen kunnen aanpassen en hun steun kunnen aanbieden. Het biedt ook de mogelijkheid om eventuele zorgen of voorkeuren die zij hebben aan te kaarten, wat leidt tot een harmonieuzere overgang naar pensionering.

Om deze problemen te voorkomen, moet u een gezamenlijke inspanning leveren om uw pensioenplannen duidelijk en openlijk te communiceren. Begin met gedetailleerde gesprekken met uw echtgenoot of partner over uw doelen, financiële strategie en eventuele veranderingen die u verwacht. Zorg ervoor dat u beiden op dezelfde pagina zit wat betreft uw pensioenvisie en financieel beheer.

Overweeg ook om andere familieleden te betrekken die mogelijk worden beïnvloed door uw beslissingen over pensionering. Dit kan het bespreken van estate planning, gezondheidszorgregelingen of veranderingen in woonsituaties met kinderen of andere familieleden omvatten. Door hen een duidelijk begrip van uw plannen te geven, voorkomt u verrassingen en kunt u de ondersteuning en middelen beter coördineren.

Daarnaast kan het nuttig zijn om uw pensioenplannen te documenteren en ze toegankelijk te maken voor uw familie. Dit omvat het hebben van schriftelijke verslagen van financiële regelingen, nalatenschapsplannen en eventuele specifieke instructies die u mogelijk hebt. Het hebben van deze documenten zorgt ervoor dat uw wensen duidelijk zijn en dat u er indien nodig gemakkelijk naar kunt verwijzen.

Regelmatig uw communicatie updaten naarmate uw plannen evolueren is ook belangrijk. Levensomstandigheden en pensioendoelen kunnen veranderen, en uw familie op de hoogte houden van deze veranderingen helpt om de afstemming en paraatheid te behouden. Regelmatige check-ins en updates zorgen ervoor dat iedereen op de hoogte blijft en zijn verwachtingen of plannen dienovereenkomstig kan aanpassen.

Samengevat, het niet communiceren van uw pensioenplannen kan leiden tot misverstanden, verkeerde afstemming en complicaties voor zowel u als uw dierbaren. Door openlijk te praten over uw doelen, financiële strategie en verwachte veranderingen, kunt u conflicten voorkomen, zorgen voor een betere coördinatie van ondersteuning en een soepelere overgang naar pensionering creëren. Duidelijke en voortdurende communicatie is de sleutel tot het managen van verwachtingen en het bevorderen van positieve relaties tijdens uw pensioenreis.

Conclusie

Pensioen is een belangrijke mijlpaal die zowel een einde als een nieuw begin vertegenwoordigt. Het is een tijd van transitie die zorgvuldige planning en doordachte overweging vereist om een vervullende en veilige toekomst te garanderen. De uitdagingen en valkuilen die in dit boek worden besproken, benadrukken het belang van een evenwichtige en proactieve benadering van pensioenplanning. Het begrijpen en aanpakken van deze veelvoorkomende fouten kan een substantieel verschil maken in het bereiken van een comfortabel en plezierig pensioen.

Een van de belangrijkste lessen is de noodzaak van uitgebreide en proactieve planning. Pensioenplanning is geen eenmalige taak, maar een doorlopend proces waarbij realistische doelen worden gesteld, uw financiële situatie regelmatig wordt beoordeeld en uw strategieën indien nodig worden aangepast. Uitstelgedrag kan zelfs de best voorbereide plannen ondermijnen, wat het belang benadrukt van vroeg beginnen en het momentum behouden gedurende uw hele carrière.

Door een proactieve aanpak te hanteren, kunt u de valkuilen vermijden van het onderschatten van uitgaven, te veel vertrouwen op onzekere factoren zoals erfenissen en het niet in acht nemen van marktvolatiliteit.

Een ander cruciaal aspect is de noodzaak van diversificatie en risicomanagement. Te veel vertrouwen op één enkele bron van inkomsten, of het nu gaat om investeringen, sociale zekerheid of erfenissen, kan u kwetsbaar maken voor financiële instabiliteit. Diversifiëren van uw beleggingsportefeuille en het verkennen van meerdere inkomstenstromen, zoals parttime werk of alternatieve investeringen, kan een buffer bieden tegen onvoorziene omstandigheden en uw financiële zekerheid vergroten. Het is ook van vitaal belang om rekening te houden met marktvolatiliteit en uw investeringen te beheren op een manier die risico en rendement in evenwicht brengt, vooral als u de pensioengerechtigde leeftijd nadert.

Effectieve communicatie is een ander cruciaal element in succesvolle pensioenplanning. Als u uw pensioenplannen niet met familieleden bespreekt, kan dat leiden tot misverstanden en conflicten, met name met betrekking tot financiële beslissingen, zorgregelingen en estate planning. Door uw intenties duidelijk te communiceren en uw dierbaren te betrekken bij het planningsproces, kunt u ervoor zorgen dat iedereen op dezelfde pagina zit en dat uw wensen worden begrepen en gerespecteerd.

Bovendien is het essentieel om de rol van verschillende financiële producten, zoals lijfrentes, te begrijpen en deze op de juiste manier in uw pensioenstrategie op te nemen. Lijfrentes kunnen een stabiel inkomen opleveren, maar brengen ook hun eigen complexiteit en kosten met zich mee. Als u weet hoe ze in uw algehele plan passen en welke alternatieven er beschikbaar zijn, kunt u beter geïnformeerde beslissingen nemen en mogelijke valkuilen vermijden.

Kosten voor gezondheidszorg en levensduur zijn twee extra factoren die zorgvuldige overweging vereisen. Naarmate u ouder wordt, kunnen kosten voor gezondheidszorg een aanzienlijke last worden en is het cruciaal om deze kosten te plannen, zelfs als u geen uitgebreide verzekering hebt. Evenzo is het essentieel om rekening te houden met de levensduur en ervoor te zorgen dat uw pensioensparen uw hele leven meegaan, om financiële stabiliteit en kwaliteit van leven te behouden.

Concluderend, om veelvoorkomende fouten bij pensioenplanning te vermijden, is een holistische benadering nodig die proactieve planning, gediversifieerde investeringen, effectieve communicatie en zorgvuldige overweging van financiële producten en uitgaven omvat. Door deze gebieden zorgvuldig aan te pakken en indien nodig professioneel advies in te winnen, kunt u een pensioenstrategie creëren die niet alleen voldoet aan uw financiële behoeften, maar ook uw algehele levenskwaliteit verbetert. Pensioen zou een tijd moeten zijn om te genieten van de vruchten van uw arbeid, nieuwe kansen te verkennen en een vervullende en lonende fase van het leven te omarmen. Met zorgvuldige planning en overweging kunt u een pensioen bereiken dat aansluit bij uw doelen en aspiraties, waardoor u gemoedsrust en de vrijheid krijgt om ten volle van dit nieuwe hoofdstuk te genieten.

www.ingramcontent.com/pod-product-compliance
Lightning Source LLC
Chambersburg PA
CBHW050311230526
45471CB00005B/2132